A TELJES KAGYLÓS SAKÁSKÖNYV

Tengertől tányérig: Átfogó kagylós kaland

Dalma Fodor

Copyright Anyag ©2024

Minden jog fenntartva

A kiadó és a szerzői jog tulajdonosának megfelelő írásos beleegyezése nélkül ennek a könyvnek egyetlen része sem használható fel vagy továbbítható semmilyen formában vagy módon, kivéve az ismertetőben használt rövid idézeteket. Ez a könyv nem helyettesítheti az orvosi, jogi vagy egyéb szakmai tanácsokat.

TARTALOMJEGYZÉK _

TARTALOMJEGYZÉK _ 3
BEVEZETÉS 7
HOMÁR 8
   1. HOMÁR BENEDEK 9
   2. HOMÁR OMLETT 11
   3. HOMÁR ÉS AVOKÁDÓ PIRÍTÓS 13
   4. HOMÁR REGGELI BURRITO 15
   5. HOMÁR ÉS SPENÓT OMLETT 17
   6. KUKORICA PALACSINTA ÉS HOMÁR VEREM 19
   7. HOMÁR GOFRI 22
   8. HOMÁR SALÁTÁVAL TÖLTÖTT TOJÁS 25
   9. HOMÁR ÉS RÁK RAVIOLI 27
   10. HOMÁR FRITTEK 30
   11. HOMÁR FONDÜ MÁRTOGATÓS 32
   12. HOMÁR NACHOS 34
   13. SZÖRF ÉS GYEP EGY BOTON 36
   14. HOMÁR CEVICHE 38
   15. HOMÁRKOLBÁSZ 40
   16. HOMÁR FAROK GRILLEZETT TRÓPUSI GYÜMÖLCCSEL 42
   17. HOMÁR FAZÉK PITE 44
   18. HOMÁRTEKERCS 47
   19. RÁK ÉS HOMÁR GRILLEZETT SAJT 49
   20. HOMÁR NEWBURG 51
   21. KURKUMA HOMÁR THERMIDOR SZÓSZBAN 53
   22. FAKEMENCÉBEN HOMÁR FAROK 55
   23. HOMÁR KANTONI 57
   24. CITRUSOS VAJAS HOMÁRFAROK 60
   25. FEKETE LICSI TEA FÜSTÖLT HOMÁR 62
   26. CURRY HOMÁR RIZOTTÓ 64
   27. HOMÁR MAC ÉS SAJT 67
   28. HOMÁR ÉS GARNÉLA LASAGNA 70

29. Homár tészta rakott 73
30. Tengeri tészta rakott 76
31. Csokornyakkendős tészta homárral és articsókkal 78
32. Kagyló ravioli sáfránylevesben 80
33. Kínai homár pörkölt 83
34. Homár-paradicsomos keksz 86
35. Gombgomba és homár 88
36. Homár és mangó saláta 90
37. Homár cézár saláta 92
38. Sifonád homárból 94
39. Homár tabbouleh bazsalikommal 96

GARNÉLARÁK 99

40. Bouillabaisse harap 100
41. Linguine és garnélarák Scampi 102
42. Garnélarák a la Plancha sáfrányos allioli pirítóssal 104
43. Bombay ördöghal 107
44. Csirke, garnélarák és chorizo paella 109
45. Mentás garnélarák falatok 112
46. Kiwi gyümölcs és S garnélarák 114
47. Gyógynövényes kecskesajt és prosciutto garnélarák 116
48. Gnocchetti garnélarákkal és pestoval 118
49. Acadian popcorn 121
50. Almás mázas tengeri nyárs 123
51. Garnélarák spenót saláták 125
52. Garnélarák szufla 127
53. Ceviche Peruano 129
54. Cheddar fondü paradicsomszósszal 131
55. Fűszeres garnélarák és sajtos mártogatós 133
56. Kacsa Gumbo 135
57. Ananászos kacsa curry 138
58. BBQ kacsa curry licsivel 141
59. Grillezett kagyló ceviche 144
60. Cukkinis tavaszi tekercs tálkák 146
61. Quinoa és garnélarák saláta 148
62. Másnapos garnélarák 150
63. Kerekes ráktekercs 152

64. Tészta sajtos pesto garnélával és gombával 155
65. Sajtos pesto garnélarák tésztával 157

RÁK 159

    66. Rákos muffin 160
    67. Rák torták 162
    68. Tenger gyümölcsei mártogatós 164

KAGYLÓ 166

    69. Osztriga krokett 167
    70. Osztriga és paradicsomos bruschetta 170
    71. Oyster Sushi Tekercs 172
    72. Osztriga és kéksajt Crostini 174
    73. Cajun sült garnélarák és osztriga 176
    74. Sült osztriga 178
    75. Osztriga és habanero ceviche 180
    76. Szalonna-osztriga falatok 182
    77. Osztriga és kaviár 184
    78. Oyster Tavaszi Tekercs 186
    79. Tempurában sült osztriga 188
    80. Klasszikus osztriga Rockefeller 191
    81. Oyster Lövészek 193
    82. Osztriga és szalonnás előételek 195
    83. Fűszeres osztriga mártogatós 197
    84. Osztriga és uborkás szendvicsek 199
    85. Osztriga és mangó salsa tostadas 201
    86. Osztriga és Pesto Crostini 203
    87. Osztriga és szalonna Jalapeño Poppers....................................205
    88. Osztriga és mangó guacamole 207
    89. Osztriga és kecskesajttal töltött gomba 209

KAGYLÓ 211

    90. Kagylódip 212
    91. Sült töltött kagyló 214
    92. Konzerv kagylós rántott 216
    93. Kagylógolyók 218

FÉSŰKAGYLÓ 220

94. Öbölfésűkagyló ceviche 221
95. Bourbon-bacon kagyló 223
96. Karamellizált tengeri kagyló 225

FOLYAMI RÁK **227**

97. Cajun stílusú rákfőzelék 228
98. Fokhagymás vajas rák 230
99. Rákos tészta 232
100. Rák Etouffee 234

KÖVETKEZTETÉS **236**

BEVEZETÉS

Üdvözöljük a "A Teljes Kagylós Sakáskönyv"-ban, amely átfogó útmutató egy kagylós kalandhoz, amely a tengertől a tányérig vezet. Ez a szakácskönyv a kagylók sokszínű és élvezetes világának ünnepe, és meghívja Önt, hogy fedezze fel az óceánok gazdagságát, és készítsen kulináris remekműveket, amelyek bemutatják e víz alatti kincsek gazdag ízeit. Csatlakozzon hozzánk egy olyan utazásra, amely túlmutat a megszokotton, lehetővé téve, hogy különféle izgalmas és ízletes módon ízlelje meg a tenger finomságait.

Képzeljen el egy asztalt, amelyen zamatos osztrigatálak, tökéletesen grillezett garnélarák és dekadens homárételek díszítik – mindezt szakszerűen elkészítve, hogy kiemelje az egyes kagylófajták egyedi tulajdonságait. A " A Teljes Kagylós Sakáskönyv " több, mint receptek gyűjteménye; ez a kagylók által kínált technikák, ízek és kulináris lehetőségek feltárása. Akár a tenger gyümölcsei rajongója, akár bővíteni szeretné kulináris látókörét, ezek a receptek azért készültek, hogy emlékezetes és ínycsiklandó ételeket készítsenek a tenger kincseiből.

A klasszikus készítményektől a kagylók kedvenceinek innovatív fordulataiig minden recept a sós, édes és sós ízek ünnepe, amelyek meghatározzák ezeket az óceáni élvezeteket. Akár tengeri lakomát rendez, akár otthon étkezik nyugodtan, ez a szakácskönyv a legjobb forrás a kagylók elkészítésének elsajátításához.

Csatlakozz hozzánk, amikor az óceán mélyére merülünk, ahol minden alkotás a kagylók sokszínű és kellemes világának bizonyítéka. Tehát, vegye fel a kötényét, ölelje fel a tenger frissességét, és induljon el egy ízletes utazásra a " A Teljes Kagylós Sakáskönyv "-ban.

HOMÁR

1. Homár Benedek

ÖSSZETEVŐK:

- 1 homár farok főzve és felkockázva
- 2 angol muffin felosztva és pirítva
- 4 tojás
- ½ csésze hollandi szósz
- Só és bors ízlés szerint
- Friss metélőhagyma a díszítéshez

UTASÍTÁS:

a) Egy kis tálban felverjük a tojásokat, és sóval, borssal ízesítjük.
b) Melegítsünk fel egy tapadásmentes serpenyőt közepes lángon, és olvasszuk fel a vajat. A felvert tojásokat a serpenyőbe öntjük, és addig kavarjuk, amíg a kívánt készre nem sütjük.
c) Közben külön serpenyőben felmelegítjük a kockára vágott homárhúst.
d) Az összeállításhoz egy tányérra tegyünk egy pirított angol muffin felét, a tetejére rakjuk a rántottát, majd a felmelegített homárhúst.
e) Öntsük hollandi szósszal a homárt, és díszítsük friss metélőhagymával.
f) Ismételje meg a többi angol muffin felével.
g) Azonnal tálaljuk.

2.Homár omlett

ÖSSZETEVŐK:

- 1 homár farok főzve és felkockázva
- 4 tojás
- ¼ csésze kockára vágott kaliforniai paprika
- ¼ csésze kockára vágott hagyma
- ¼ csésze reszelt cheddar sajt
- Só és bors ízlés szerint
- Friss petrezselyem a díszítéshez

UTASÍTÁS:

a) Egy tálban felverjük a tojásokat, és sóval, borssal ízesítjük.
b) Melegíts fel egy tapadásmentes serpenyőt közepes lángon, és adj hozzá egy kis olajat vagy vajat.
c) A kockára vágott kaliforniai paprikát és a hagymát puhára pároljuk.
d) Öntsük a felvert tojásokat a serpenyőbe, és forgassuk meg, hogy egyenletesen eloszlassanak.
e) Addig főzzük, amíg a szélei kezdenek megkötni, majd az omlett felére szórjuk a felkockázott homárt és a reszelt cheddar sajtot.
f) Az omlett másik felét ráhajtjuk a töltelékre.
g) Folytassa a főzést, amíg a tojások teljesen megpuhulnak és a sajt elolvad.
h) Csúsztassa az omlettet egy tányérra, és díszítse friss petrezselyemmel.

3.Homár és avokádó pirítós

ÖSSZETEVŐK:

- 1 homár farok főzve és felkockázva
- 2 szelet kenyér, pirítva
- 1 érett avokádó, szeletelve
- ½ citrom leve
- Só és bors ízlés szerint
- Pirospaprika pehely (elhagyható)
- Friss koriander díszítéshez

UTASÍTÁS:

a) Egy kis tálban törje össze az avokádót citromlével, sóval és borssal.
b) A pépesített avokádót egyenletesen elosztjuk a pirított kenyérszeleteken.
c) Minden szelet tetejére kockázott homárhúst teszünk.
d) Ízlés szerint megszórjuk pirospaprika pehellyel, és friss korianderrel díszítjük.
e) Azonnal tálaljuk.

4.Homár reggeli Burrito

ÖSSZETEVŐK:
- 1 homár farok főzve és felkockázva
- 4 nagy tojás
- ¼ csésze kockára vágott paradicsom
- ¼ csésze kockára vágott hagyma
- ¼ csésze reszelt Monterey Jack sajt
- Só és bors ízlés szerint
- Lisztes tortilla
- Salsa és tejföl a tálaláshoz

UTASÍTÁS:
a) Egy tálban felverjük a tojásokat, és sóval, borssal ízesítjük.
b) Melegíts fel egy tapadásmentes serpenyőt közepes lángon, és adj hozzá egy kis olajat vagy vajat.
c) A felkockázott paradicsomot és a hagymát addig pároljuk, amíg megpuhulnak.
d) A felvert tojásokat a serpenyőbe öntjük, és készre kavarjuk.
e) Adja hozzá a kockára vágott homárhúst és a reszelt Monterey Jack sajtot a serpenyőbe, keverje addig, amíg a sajt elolvad.
f) A lisztes tortillákat külön serpenyőben vagy mikrohullámú sütőben felmelegítjük.
g) Mindegyik tortillára kanalazzuk a homár-tojás keveréket, majd hajtsuk be az oldalát, és szorosan tekerjük fel.
h) A reggeli burritókat salsával és tejföllel tálaljuk.

5.Homár és spenót Omlett

ÖSSZETEVŐK:

- 1 homár farok főzve és felkockázva
- 6 nagy tojás
- 1 csésze friss spenótlevél
- ¼ csésze kockára vágott hagyma
- ¼ csésze kockára vágott piros kaliforniai paprika
- ¼ csésze reszelt parmezán sajt
- Só és bors ízlés szerint
- Friss bazsalikomlevél a díszítéshez

UTASÍTÁS:

a) Melegítsd elő a sütőt 175°C-ra (350°F).
b) Egy tálban felverjük a tojásokat, és sóval, borssal ízesítjük.
c) Melegíts fel egy sütőben használható serpenyőt közepes lángon, és adj hozzá egy kis olajat vagy vajat.
d) A felkockázott hagymát és a pirospaprikát addig pároljuk, amíg megpuhulnak.
e) Adjuk hozzá a friss spenótleveleket a serpenyőbe, és főzzük, amíg megfonnyad.
f) Öntsük a felvert tojásokat a serpenyőbe, és hagyjuk, hogy kitöltse a zöldségek közötti réseket.
g) Adja hozzá a kockára vágott homárhúst egyenletesen a frittatához.
h) A tetejére szórjuk a reszelt parmezán sajtot.
i) Tegye a serpenyőt az előmelegített sütőbe, és süsse körülbelül 15-20 percig, vagy amíg a Omlett megszilárdul, a sajt megolvad és enyhén megpirul.
j) Vegyük ki a sütőből, és szeletelés előtt hagyjuk kicsit kihűlni.
k) Díszítsük friss bazsalikomlevéllel, és melegen tálaljuk.

6.Kukorica palacsinta és homár verem

ÖSSZETEVŐK:
A KUKORICAS KREPSZHEZ:
- 1 csésze kukoricaszem (friss vagy fagyasztott)
- 1 csésze univerzális liszt
- 1 csésze tej
- 2 nagy tojás
- 2 evőkanál olvasztott vaj
- ½ teáskanál só
- Főzőpermet vagy kiegészítő vaj a serpenyő kikenéséhez

A HOMÁR TÖLTETÉSÉHEZ:
- 2 homárfarok, főzve és eltávolítva a húst
- ¼ csésze majonéz
- 1 evőkanál citromlé
- 1 evőkanál apróra vágott friss metélőhagyma
- Só és bors ízlés szerint

ÖSSZEÁLLÍTÁSHOZ ÉS DÍSZÍTÉSHEZ:
- Vegyes saláta zöldek
- Citromszeletek
- Friss metélőhagyma vagy petrezselyem (díszítéshez)

UTASÍTÁS:

a) Turmixgépben vagy konyhai robotgépben keverje össze a kukoricaszemeket, a lisztet, a tejet, a tojást, az olvasztott vajat és a sót. Addig turmixoljuk, amíg sima tésztát nem kapunk. Hagyja pihenni a tésztát körülbelül 10 percig.

b) Melegíts fel egy tapadásmentes serpenyőt vagy kreppserpenyőt közepes lángon. Enyhén kenje ki a serpenyőt főzőpermettel vagy vajjal.

c) Öntsön körülbelül ¼ csésze kukorica krepp tésztát a serpenyőbe, és forgassa meg, hogy egyenletesen bevonja az alját. 1-2 percig főzzük, amíg a széle el nem kezd emelkedni, az alja pedig enyhén aranybarna nem lesz. Fordítsuk meg a palacsintát, és főzzük további 1-2 percig.

d) Vegye ki a palacsintát a serpenyőből, és tegye félre. Ismételje meg a folyamatot a maradék tésztával, és készítsen további palacsintákat.

e) Egy tálban keverjük össze a főtt homárhúst, a majonézt, a citromlevet, az apróra vágott metélőhagymát, a sót és a borsot. Jól keverjük össze, amíg a homárhúst be nem vonjuk az öntettel.

f) A köteg összeállításához tegyen egy kukorica palacsintát egy tálalótányérra. Egy réteg homártölteléket terítsen egyenletesen a palacsintára.

g) Töltsön fel egy másik palacsintát, és ismételje meg a folyamatot, amíg el nem használta az összes palacsintát és a homártölteléket. A tetejét krepp-vel fejezzük be.

h) Díszítse a köteget vegyes saláta zöldekkel, citromkarikákkal és friss metélőhagymával vagy petrezselyemmel.

i) Szeletelje fel a homárt szeletekre, és tálalja főételként vagy elegáns előételként.

7. Homár gofri

ÖSSZETEVŐK:
A HOMÁR SZÁMÁRA:
- 2 homár farok
- 2 evőkanál vaj
- Só és bors ízlés szerint

A gofrihoz:
- 2 csésze univerzális liszt
- 2 teáskanál sütőpor
- ½ teáskanál só
- 2 evőkanál kristálycukor
- 2 nagy tojás
- 1 ½ csésze tej
- ⅓ csésze növényi olaj
- Főzőpermet vagy kiegészítő vaj a gofrisütő kikenéséhez

SZOLGÁLÁSHOZ:
- juharszirup
- Friss metélőhagyma vagy petrezselyem apróra vágva (elhagyható)

UTASÍTÁS:

a) Melegítsd elő a sütőt 190°C-ra (375°F). Helyezze a homár farkát egy tepsire, és kenje meg őket olvasztott vajjal. Sózzuk, borsozzuk.

b) Süssük a homár farkát körülbelül 12-15 percig, vagy amíg a hús átlátszatlan és átsült. Vegye ki őket a sütőből, és hagyja hűlni néhány percig.

c) Ha a homárfarok már eléggé kihűlt ahhoz, hogy kezelni tudja, távolítsa el a húst a héjából, és vágja falatnyi darabokra. Félretesz, mellőz.

d) Egy nagy keverőtálban keverjük össze a lisztet, a sütőport, a sót és a cukrot.

e) Egy külön tálban verjük fel a tojásokat. Adjuk hozzá a tejet és a növényi olajat, és keverjük jól össze.

f) A nedves hozzávalókat a száraz hozzávalókkal egy tálba öntjük. Addig keverjük, amíg össze nem áll. Ügyeljen arra, hogy ne keverje túl; néhány csomó jó.

g) Melegítse elő a gofrisütőt az utasítások szerint. Enyhén kenje be a vasalót főzőspray-vel vagy vajjal.

h) Öntse a gofritésztát az előmelegített vasra az adott gofrisütőhöz ajánlott mennyiséggel. Zárja le a fedelet, és süsse a gofrit aranybarnára és ropogósra.

i) Vegye ki a megsült gofrit a vasból, és tartsa melegen alacsony hőmérsékletű sütőben, amíg a maradék gofrit főzi.

j) Az összeállításhoz tegyünk egy gofrit egy tányérra, és tegyünk rá egy nagy adag apróra vágott homárhúst. Meglocsoljuk juharsziruppal, és ízlés szerint megszórjuk friss metélőhagymával vagy petrezselyemmel.

k) Azonnal tálalja a homár gofrit, amíg meleg, és élvezze a sós homár és a ropogós gofri kombinációját.

8.Homár salátával töltött tojás

ÖSSZETEVŐK:
- 6 kemény tojás
- ½ font főtt homárhús, apróra vágva
- ¼ csésze majonéz
- 1 evőkanál citromlé
- 1 evőkanál apróra vágott friss metélőhagyma
- ¼ teáskanál dijoni mustár
- Só és bors ízlés szerint
- paprika (díszítéshez)
- Friss metélőhagyma (díszítéshez)

UTASÍTÁS:

a) A kemény tojásokat hosszában félbevágjuk. Óvatosan vegyük ki a sárgáját, és tegyük egy tálba.

b) A tojások sárgáját villával törjük omlósra. Tegye a tálba az apróra vágott homárhúst, a majonézt, a citromlevet, az apróra vágott metélőhagymát, a dijoni mustárt, a sót és a borsot. Jól keverjük össze, amíg az összes összetevő össze nem keveredik, és a keverék krémes lesz.

c) A homársaláta keveréket kanalazzuk a kivájt tojásfehérje felébe, egyenletesen elosztva közöttük.

d) Szórj meg egy kis paprikát minden töltött tojásra, hogy feldobja a színt és az ízt.

e) Díszítsen minden töltött tojást egy kis szál friss metélőhagymával.

f) Hűtőbe tesszük a homársalátával töltött tojást legalább 30 percre, hogy az ízek összeérjenek.

g) A töltött tojást hűtve tálaljuk előételként vagy uzsonnának. Elrendezhetők tányéron vagy külön tálaló tányérokon.

9.Homár és rák ravioli

ÖSSZETEVŐK:
A TÉSZTATÉSZTÁHOZ:
- 2 csésze univerzális liszt
- 3 nagy tojás
- ½ teáskanál só

A TÖLTETÉSHEZ:
- ½ font főtt homárhús, apróra vágva
- ½ kiló főtt rákhús, apróra vágva
- ½ csésze ricotta sajt
- ¼ csésze reszelt parmezán sajt
- ¼ csésze apróra vágott friss petrezselyem
- 2 evőkanál apróra vágott medvehagyma
- 2 gerezd fokhagyma, felaprítva
- 1 evőkanál citromlé
- ½ teáskanál só
- ¼ teáskanál fekete bors

SZÓZSHOZ:
- 4 evőkanál sótlan vaj
- 2 gerezd fokhagyma, felaprítva
- 1 evőkanál apróra vágott friss petrezselyem
- 1 evőkanál citromlé
- Só és bors ízlés szerint

UTASÍTÁS:

a) Készítse elő a tésztát úgy, hogy egy tiszta munkafelületen mélyedést készít a liszt közepén. A tojásokat a mélyedésbe ütjük, és megsózzuk. Villával felverjük a tojásokat, és lassan hozzákeverjük a lisztet, amíg tésztát nem kapunk. Körülbelül 5 percig gyúrjuk a tésztát, amíg sima és rugalmas lesz. Csomagolja be műanyag fóliába, és hagyja 30 percig pihenni.

b) Egy keverőtálban keverjük össze az apróra vágott homárhúst, a rákhúst, a ricotta sajtot, a parmezán sajtot, az apróra vágott petrezselymet, a medvehagymát, a darált fokhagymát, a citromlevet, a sót és a fekete borsot. Jól keverjük össze, amíg az összes összetevő egyenletesen el nem keveredik. Félretesz, mellőz.

c) A tésztát négy részre osztjuk. Vegyünk egy adagot, a többit fedjük le, nehogy kiszáradjanak. Tésztagéppel vagy sodrófával kinyújtjuk a tésztát, amíg vékony és sima nem lesz. Vágja a tésztát téglalap alakú, körülbelül 3x5 hüvelykes lapokra.

d) Helyezzen egy kanál homár- és ráktölteléket minden tésztalap közepére. A lap széleit megkenjük vízzel, majd ráhajtjuk a tölteléket, hogy téglalapot kapjunk. Nyomja meg erősen a széleit, hogy lezárja a raviolit.

e) Forraljunk fel egy nagy fazék sós vizet. Óvatosan csepegtessük a raviolit a forrásban lévő vízbe, és főzzük körülbelül 3-4 percig, vagy amíg fel nem úsznak a felszínre. A megfőtt raviolit egy lyukas kanállal kivesszük, és egy tányérra tesszük.

f) Egy nagy serpenyőben közepes lángon olvasszuk fel a vajat. Adjuk hozzá a darált fokhagymát, és főzzük illatosra, körülbelül 1 percig. Hozzákeverjük az apróra vágott petrezselymet és a citromlevet. Ízlés szerint sózzuk, borsozzuk.

g) Helyezze a főtt raviolit a serpenyőbe a szósszal, és óvatosan dobja meg őket, hogy egyenletesen bevonják. Még egy percig főzzük, hogy az ízek összeérjenek.

h) A homár- és rákraviolit forrón tálaljuk, további parmezán sajttal és friss petrezselyemmel díszítve, ha szükséges.

10. Homár frittek

ÖSSZETEVŐK:
- 1 csésze apróra vágott homár
- 2 tojás
- ½ csésze tej
- 1¼ csésze liszt
- 2 teáskanál Sütőpor
- Só és bors ízlés szerint

UTASÍTÁS:
a) Mély zsírt hevítsünk addig, amíg egy kocka kenyér hatvan másodperc alatt megpirul. Amíg a zsír melegszik, a tojásokat felverjük világosra.

b) Hozzáadjuk a tejet és a sütőporral átszitált lisztet, sózzuk, borsozzuk, majd beleforgatjuk az apróra vágott homárt.

c) Kiskanállal a zsírba csepegtetjük, és aranybarnára sütjük. Meleg sütőben barna papíron leszűrjük.

d) Gyors citromszósszal tálaljuk.

11. Homár fondü mártogatós

ÖSSZETEVŐK:
- 2 evőkanál vaj vagy margarin
- 2 csésze reszelt Cheddar sajt
- ¼ teáskanál pirospaprika szósz
- ⅓ csésze száraz fehérbor
- 5 uncia homár apróra vágva

UTASÍTÁS:
a) Olvasszuk fel a vajat egy serpenyőben alacsony lángon. Fokozatosan adjuk hozzá és keverjük hozzá a sajtot, amíg a sajt megolvad.

b) Adjunk hozzá pirospaprika szószt; lassan adjuk hozzá a bort, keverjük addig, amíg sima nem lesz. Adjunk hozzá homárt; melegítésig keverjük.

12.Homár Nachos

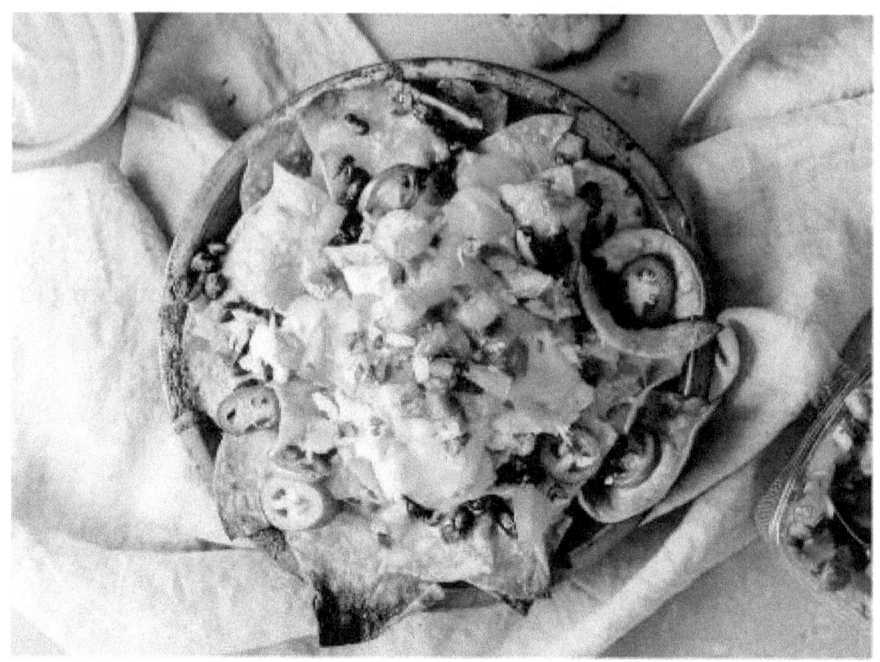

ÖSSZETEVŐK:
- 1 kilós főtt homárhús, apróra vágva
- 1 evőkanál vaj
- 1 evőkanál liszt
- 1 csésze tej
- Só, bors
- Tortilla chips
- 1 csésze reszelt Monterey Jack sajt
- Apróra vágott friss petrezselyem

UTASÍTÁS
a) Melegítse elő a sütőt 350 °F-ra.
b) Egy serpenyőben, közepes lángon olvasszuk fel a vajat, és keverjük hozzá a lisztet. 1-2 percig főzzük.
c) A tejet fokozatosan simára keverjük. Sózzuk, borsozzuk.
d) A tortilla chipseket egy tepsire helyezzük, a tetejére vágott homárhúst és reszelt sajtot teszünk.
e) Öntsük a szószt a nachosra, és süssük a sütőben 8-10 percig, vagy amíg a sajt megolvad és megpuhul.
f) Díszítsük apróra vágott petrezselyemmel.

13. Szörf és gyep egy boton

ÖSSZETEVŐK:
- 1 font homár (előfőzve és párolva)
- 1 lb steak szűzpecsenye (nyers)
- pirospaprika (nyers)
- tábortűz bot

UTASÍTÁS:
a) Egyszerűen süsse meg a tűz fölött, mint egy mályvacukrot, és élvezze a valaha volt legfrissebb, leglédúsabb szörföt és gyepet!

14.Homár Ceviche

ÖSSZETEVŐK:

- 2 homár farok
- 6 roma paradicsom
- ½ kockára vágott lila hagyma
- 1 jalapeno felkockázva
- 1 uborka apróra vágva
- 1 csokor apróra vágott koriander
- 3 lime levét
- 1 teáskanál só
- 1 teáskanál fokhagymás só
- 1 teáskanál tajin fűszeres fűszer
- ½ a homárlevesből

UTASÍTÁS:

a) Kezdje azzal, hogy a homár farkát forrásban lévő vízben körülbelül 6 percig főzzük.
b) Azonnal merítse jeges fürdőbe. Ha kihűlt apróra vágjuk. Mentse el ½ csésze alaplevet, és tegye be a fagyasztóba, hogy kihűljön.
c) Kezdje el felkockázni az összes hozzávalót , és adjuk hozzá az apróra vágott homárhoz.
d) Facsarj az összes lime-ot a ceviche-re,
e) Adjunk hozzá fűszereket és homárlevet.
f) Ellenőrizze a fűszereket, és ízlése szerint alakítsa.
g) Tálaljuk tostada héjon, chipsekkel vagy keksze kkel.
h) Friss avokádóval tehetjük a tetejét.

15. Homárkolbász

ÖSSZETEVŐK:

- 4 láb kis disznóbél
- 1½ font fehérhal filé, kockára vágva
- ½ teáskanál őrölt mustármag
- ½ teáskanál Őrölt koriander
- 1 teáskanál paprika
- 1 teáskanál citromlé
- ½ teáskanál fehér bors
- 1 tojás, felvert
- ½ font Durvára vágott homárhús

UTASÍTÁS:

a) Készítse elő a hüvelyeket. A halat aprítógépben 3-4 alkalommal addig pörgesse, amíg el nem törik. Adjuk hozzá a mustárt, a koriandert, a paprikát, a citromlevet, a borsot és a tojást.

b) Keverjük össze. Tegye a keveréket egy keverőtálba, és adja hozzá a homárhúst; jól keverjük össze.

c) Töltsd meg a burkolatot, és csavard le 3-4"-es láncszemekre.

16.Homár farok grillezett trópusi gyümölccsel

ÖSSZETEVŐK:

- 4 db bambusz vagy fém nyárs
- ¾ arany ananász, meghámozva, kimagozva és 1 hüvelykes szeletekre vágva
- 2 banán, meghámozva és keresztben nyolc 1 hüvelykes darabra vágva
- 1 mangó meghámozva, kimagozva és 1 hüvelykes kockákra vágva
- 4 sziklahomár vagy nagy Maine-i homárfarok
- ¾ csésze Sweet Soy Glaze
- csésze vaj, olvasztott
- 4 lime ék

UTASÍTÁS:

a) Ha bambusznyárssal grillezünk, áztassuk őket vízbe legalább 30 percre. Gyújtson be egy grillsütőt a közvetlen mérsékelt hő érdekében, körülbelül 350 ¼F.

b) felváltva a nyársra húzzuk, mindegyik gyümölcsből körülbelül 2 darabot használva nyársanként.

c) Pillangózza meg a homár farkát úgy, hogy mindegyik farkát hosszában kettévágja a lekerekített felső héjon és a húson, a lapos alsó héjat érintetlenül hagyva. Ha a héj nagyon kemény, konyhai ollóval vágja át a lekerekített héjat, és egy késsel vágja át a húst.

d) Óvatosan nyissa ki a farkát, hogy felfedje a húst.

e) Enyhén kenje meg a szójamázzal a gyümölcsnyársakat és a homárhúst. Kenje meg a grillrácsot és kenje be olajjal. Helyezze a homár farkát, húsával lefelé, közvetlenül a tűz fölé, és grillezze fel, amíg szép grilljelzés nem lesz, 3-4 percig. Spatulával vagy fogóval nyomja rá a farokat a grillrácsra, hogy segítsen megpirítani a húst. Fordítsa meg és grillezze fel, amíg a hús már csak szilárd és fehér lesz, szója mázzal megkenve, még 5-7 percig.

f) Ezalatt grillezzük a gyümölcsnyársakat a homár mellett, amíg szép grilljelzés nem lesz, oldalanként körülbelül 3-4 percig.

g) Tálaljuk az olvasztott vajjal és a lime szeletekkel kinyomkodni.

17.Homár fazék pite

ÖSSZETEVŐK:

- 6 evőkanál vaj
- 1 csésze apróra vágott hagyma
- ½ csésze apróra vágott zeller
- Só; megkóstolni
- Frissen őrölt fehér bors; megkóstolni
- 6 evőkanál Liszt
- 3 csésze tenger gyümölcsei vagy csirke alaplé
- 1 csésze tej
- 2 csésze kockára vágott burgonya; blansírozott
- 1 csésze kockára vágott sárgarépa; blansírozott
- 1 csésze édes borsó
- 1 csésze kockára vágott sült sonka
- 1 font homárhús; főzve, felkockázva
- ½ csésze víz
- ½ recept pite kéreg, a tepsi méretére kinyújtva

UTASÍTÁS:
a) Melegítsük elő a sütőt 375 fokra. Egy téglalap alakú üveg tepsit kivajazunk. Egy nagy serpenyőben felolvasztjuk a vajat. Adjuk hozzá a hagymát és a zellert, és pároljuk 2 percig. Sózzuk, borsozzuk.
b) Keverjük hozzá a lisztet, és főzzük körülbelül 3-4 percig szőke rouxhoz. Keverjük hozzá az alaplevet, és forraljuk fel a folyadékot.
c) Lassítsd le lassú tűzön, és főzd tovább 8-10 percig, vagy amíg a szósz sűrűsödni kezd.
d) Keverjük hozzá a tejet, és főzzük tovább 4 percig. Sózzuk, borsozzuk. Levesszük a tűzről. Keverje hozzá a burgonyát, a sárgarépát, a borsót, a sonkát és a homárt.
e) Sózzuk, borsozzuk. A tölteléket alaposan összekeverjük. Ha túl sűrű a töltelék, adjunk hozzá egy kevés vizet, hogy a tölteléket hígítsa. Öntsük a tölteléket az előkészített tepsibe. A töltelék tetejére helyezzük a héjat.
f) Óvatosan helyezze be az átfedő héjat a serpenyőbe, vastag szélt képezve. A tepsi széleit összenyomkodjuk, és egy tepsire tesszük. Éles késsel több hasítást készítünk a tészta tetején.
g) Helyezze az edényt a sütőbe, és süsse körülbelül 25-30 percig, vagy amíg a kéreg aranybarna és ropogós nem lesz.
h) Tálalás előtt vegyük ki a sütőből és hűtsük 5 percig.

18.Homártekercs

ÖSSZETEVŐK:

- 4 uncia főtt és kockára vágott homárhús
- 1 zsemle teljes kiőrlésű hot dog zsemle
- ¼ csésze kockára vágott zeller
- ¼ csésze kockára vágott vöröshagyma
- 1 evőkanál majonéz
- 1 evőkanál citromlé
- frissen tört fekete bors és só

UTASÍTÁS:

a) Egy keverőtálban keverjük össze a főtt és kockára vágott homárhúst, a felkockázott zellert és a felkockázott lilahagymát. Jól keverjük össze, hogy az összetevők egyenletesen oszlanak el.

b) Egy külön kis tálban keverjük össze a majonézt, a citromlevet, a frissen tört fekete borsot és a sót. Ez lesz a homártekercs öntete.

c) Öntse az öntetet a homárkeverékre, és óvatosan keverje össze, amíg az összes hozzávalót be nem vonja az öntet. A fűszerezést ízlése szerint állítsa be.

d) Melegíts elő egy serpenyőt vagy rácsot közepes lángon. A teljes kiőrlésű virsli zsemle külsejét vékonyan kivajazzuk.

e) Helyezze a vajas zsemlét a serpenyőbe, és addig pirítsa, amíg aranybarna nem lesz, kívül pedig enyhén ropogós lesz. Ez finom textúrát ad a homártekercsnek.

f) Ha a zsemle megpirult, vegye ki a serpenyőből, és nyissa fel, mint egy hot dog zsemlét, és hozzon létre egy zsebet a homártöltelék számára.

g) Az elkészített homárkeveréket kanalazzuk a zsemlébe, bőségesen megtöltjük. Hozzáadhat egy salátalevelet vagy bármilyen más kívánt feltétet, például szeletelt paradicsomot vagy avokádót.

h) Azonnal tálalja a homártekercset, és élvezze ezt a finom tengeri finomságot.

19.Rák és homár grillezett sajt

ÖSSZETEVŐK:

- ½ csésze főtt homárhús
- ½ csésze főtt rákhús
- 2 evőkanál sós vaj, olvasztott
- 1 teáskanál Old Bay fűszerezés
- ½ teáskanál darált fokhagyma
- 4 szelet texasi pirítós fokhagymás kenyér
- 4 vastag szelet éles cheddar sajt
- 4 vastag szelet Havarti sajt

UTASÍTÁS:

a) Egy nagy keverőtálba dobja a homárt, a rákot, az olvasztott vajat, az Old Bay fűszerezést és a fokhagymát. Jól keverjük össze, majd tegyük oldalra a tálat.

b) Tegyünk két szelet texasi pirítóst egy tányérra, és tegyünk a tetejére egy-egy szelet cheddart és havartit. Osszuk ketté a tenger gyümölcsei keveréket, és adjuk hozzá a felét minden szelet pirítóshoz. A tenger gyümölcseit a maradék sajttal és kenyérszeletekkel megkenjük.

c) Szendvicspréssel vagy forró serpenyővel grillezze meg a szendvics mindkét oldalát, amíg aranybarna nem lesz és a sajt megolvad. Tálald és élvezd!

20. Homár Newburg

ÖSSZETEVŐK:
- 1 lb homárhús, főzve és apróra vágva
- 4 evőkanál sótlan vaj
- 4 evőkanál univerzális liszt
- 1 csésze tej
- ½ csésze nehéz tejszín
- ¼ csésze száraz sherry
- ½ teáskanál só
- ¼ teáskanál cayenne bors
- 4 tojássárgája, felvert
- ¼ csésze apróra vágott petrezselyem

UTASÍTÁS:
a) Olvasszuk fel a vajat egy nagy serpenyőben közepes lángon.
b) Belekeverjük a lisztet, és folyamatos keverés mellett 1-2 percig főzzük.
c) Folytonos keverés mellett fokozatosan hozzákeverjük a tejet és a tejszínt, amíg sima nem lesz.
d) Adjuk hozzá a sherryt, a sót és a cayenne borsot, és keverjük össze.
e) Folytonos keverés mellett fokozatosan beleforgatjuk a felvert tojássárgáját.
f) Főzzük a keveréket alacsony lángon 3-4 percig, vagy amíg besűrűsödik.
g) Hozzákeverjük az apróra vágott homárt és petrezselymet.
h) Forrón tálaljuk pirítós pontokon.

21.Kurkuma Homár Thermidor szószban

ÖSSZETEVŐK:
- 3 evőkanál sózatlan kesudió, 10 percig áztatva
- 2 evőkanál blansírozott mandula
- 1 teáskanál gyömbéres-fokhagyma paszta
- Serrano zöld chili, kimagozva és darálva
- 1 csésze joghurt, felvert
- 1½ kiló főtt homárhús
- 2 teáskanál fehér szezámmag
- 3 evőkanál tisztított vaj
- ½ teáskanál piros chili por
- 2 evőkanál fehér mák, vízbe áztatva
- ¼ teáskanál kurkuma por
- 1 fahéjrúd
- 1 fekete kardamom hüvely, horzsolt
- Asztali só, ízlés szerint
- 1 teáskanál meleg fűszerkeverék
- 1 babérlevél
- szegfűszeg
- 1 zöld kardamom hüvely, zúzódott

UTASÍTÁS:
a) A kesudiót, a mákot, a mandulát és a szezámmagot turmixgépben turmixoljuk össze annyi vízzel, hogy sűrű masszát kapjunk. Tedd félre.
b) Egy serpenyőben felforrósítjuk a vajat.
c) Adjuk hozzá a fahéjrudat, a fekete kardamom hüvelyt, a babérlevelet, a szegfűszeget és a zöld kardamom hüvelyt.
d) Adja hozzá a gyömbér-fokhagyma pasztát, a zöld chilit és a diópürét, amikor a fűszerek sercegni kezdenek.
e) Adjunk hozzá 1 evőkanál vizet, hogy megállítsa a sercegést.
f) Adjuk hozzá a vörös chili port, a kurkumát, a joghurtot, a homárt, a sót és a fűszerkeveréket.
g) Hozzáadjuk a homárt, és folyamatos keverés mellett addig sütjük, amíg a homár teljesen fel nem melegszik.

22.Fakemencében Homár farok

ÖSSZETEVŐK:
- 2 homár farok s
- 3 evőkanál vaj, olvasztott
- 1 teáskanál só
- 1 teáskanál fekete bors
- 1 teáskanál fokhagyma por
- 1 teáskanál paprika
- 1 teáskanál friss petrezselyem, apróra vágva
- 1 teáskanál citromlé

UTASÍTÁS:
a) Tiszta ollóval vagy konyhai ollóval vágja el a kagyló tetejének közepén, a farok uszonyai felé, ügyelve arra, hogy egyenes vonalban vágjon. Ne vágja át a farok végét.
b) A húst kanállal válasszuk el a héj két oldaláról, majd emeljük fel a húst és emeljük ki a héjból.
c) Helyezze a húst a varratra, ahol a két héj találkozik, majd nyomja össze a héj két oldalát.
d) Vágjon egy kis rést a homárhús közepén, hogy a vékony húsréteg lehúzódjon a szélein. Így kapja meg jellegzetes megjelenését a homár farka.
e) Keverje össze a vajat, sót, borsot, fokhagymaport, paprikát, citromlevet és petrezselymet egy kis tálban, majd kenje meg egyenletesen a homárhúsra.
a) Helyezze a homár farkát egy öntöttvas serpenyőbe, és süsse fakemencében 12-15 percig, vagy amíg teljesen meg nem fő, de nem gumis.

23.Homár kantoni

ÖSSZETEVŐK:
- 1 lb. Homár farok
- 1 gerezd fokhagyma, felaprítva
- 1 teáskanál erjesztett fekete szójabab, leöblítve és lecsepegtetve
- 2 evőkanál Olaj
- ¼ lb. Darált sertéshús
- 1 ½ csésze forró víz
- 1 ½ evőkanál szójaszósz
- 1 teáskanál MSG (opcionális)
- 2 evőkanál kukoricakeményítő
- 2 evőkanál száraz sherry
- 1 tojás
- 2 evőkanál Víz

KISZOLGÁLNI
- Koriander gallyak
- Zöldhagyma fürtök
- Melegen főtt konjac rizs vagy karfiol rizs

UTASÍTÁS:

a) Ennek a vonzó kínai ételnek a legjobb eredményének elérése érdekében a homárdarabokat a lehető leggyorsabban főzzük meg. A szószhoz adott felvert tojás gazdagabbá, krémesebbé teszi.

b) Éles késsel vágja ki a homárhúst a héjából, és szeletelje fel medalionokra. A fokhagymát és a fekete szóját aprítsuk össze. Wokban vagy serpenyőben olajat hevítünk, és hozzáadjuk a fokhagymás keveréket. Főzzük és keverjük néhány másodpercig. Adjuk hozzá a sertéshúst, és főzzük körülbelül 10 percig, kevergetve, hogy a hús széttörjön. Hozzáadás

c) forró víz, szójaszósz és MSG. Adjunk hozzá homár medálokat, és főzzük 2 percig. Keverjük össze a kukoricakeményítőt és a sherryt, és keverjük a szószhoz. A tojást felverjük 3 evőkanál vízzel, és a szószhoz keverjük. Alacsony lángon 30 másodpercig főzzük állandó keverés mellett. A szósz legyen krémes, de ne legyen nehéz. Öntsük a szószt a tál közepére. Rendezd el a medálokat mártásban dekoratív mintával. Díszít

d) korianderrel és zöldhagymás fürtökkel. Minden adaghoz tegyen néhány homár medált a Konjac rizsre egy tálba.

e) Kanál szósz a homárra.

24. Citrusos vajas homárfarok

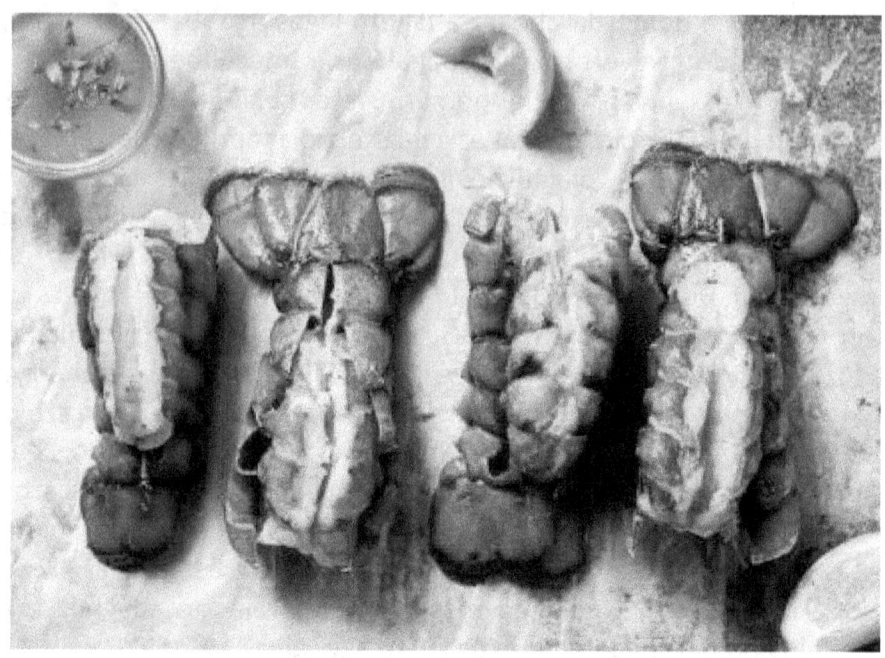

ÖSSZETEVŐK:

- 16 uncia Lobster Tails , felengedve
- ½ csésze víz
- ¼ csésze vaj vagy margarin
- 1 evőkanál citromlé
- ½ teáskanál Reszelt narancshéj
- ⅛ teáskanál só
- Dash Ground Ginger
- Dash paprika

UTASÍTÁS:

a) Nyissa ki a farkat, pillangósan úgy, hogy a hús kerüljön a tetejére. Tegyük vissza egy sekély tepsibe. Öntsön vizet a tetejére. Mikrosütés, lefedve, 50%-os teljesítménnyel 6-8 percig, vagy csak addig, amíg a hús átlátszatlanná válik, percenként negyed fordulattal forgatva az edényt
b) Lefedve 5 percig állni hagyjuk
c) Közben keverje össze a vajat vagy a margarint, a citromlevet, a narancshéjat, a sót, a gyömbért és a paprikát. Mikrosütés, fedetlen, 100%-os teljesítményen 1½-2 percig, vagy amíg a vaj elolvad
d) Jól összekeverni. Meglocsoljuk a homár farkát vajkeverékkel.

25.Fekete licsi tea füstölt homár

ÖSSZETEVŐK:

- 2 Maine homár
- 2 bögre fehér rizs
- 2 bögre barna cukor
- 2 bögre Fekete licsi tea
- 2 Érett mangó
- ½ csésze Jicama botokat
- ½ csésze Menta sifonád
- ½ csésze Bazsalikom sifonád
- 1 csésze Mung bab szálak, blansírozva
- Rákos halszósz
- 8 Rizspapír lapok

UTASÍTÁS:

a) Melegítse elő a mély szállodai serpenyőt nagyon forróra.

b) Adja hozzá a rizst, a cukrot és a teát a mély serpenyőbe, és azonnal helyezze a homárt a tetejére egy sekély perforált serpenyőbe.

c) Gyorsan lezárjuk alumínium fóliával. Amikor a dohányos füstölni kezd, füstölje a homárt 10 percig alacsony lángon, vagy amíg meg nem fő. Hűtsük le a homárt, majd szeleteljük fel a farkát hosszú csíkokra.

d) Keverje össze a jicamát, a mentát, a bazsalikomot és a babszálat, és dobja fel halszósszal.

e) A rizspapírt áztassuk be meleg vízbe, és helyezzük a keverékek egy részét a megpuhult papírra. Intarziás füstölt homár csíkok és mangószeletek.

f) Feltekerjük és 10 percig állni hagyjuk. Egyenként csomagolja be a tekercseket műanyag fóliával, hogy biztosítsa a nedvesség megtartását.

26.Curry homár rizottó

ÖSSZETEVŐK:
- 2 homár farok
- 1 ½ csésze Arborio rizs
- 4 csésze tenger gyümölcsei vagy zöldségleves
- 1 közepes hagyma, apróra vágva
- 3 gerezd fokhagyma, felaprítva
- 2 evőkanál olívaolaj
- 1 evőkanál curry por
- 1 csésze száraz fehérbor
- 1 csésze reszelt parmezán sajt
- 2 evőkanál vaj
- Só és bors ízlés szerint
- Friss koriander vagy petrezselyem apróra vágva (díszítéshez)

UTASÍTÁS:

a) Főzzük a homár farkát forrásban lévő sós vízben, amíg a héja élénkpiros nem lesz, és a hús megpuhul. Vegyük ki a homárhúst a héjából, és vágjuk falatnyi darabokra. Félretesz, mellőz.

b) Egy nagy serpenyőben közepes lángon hevítsük fel az olívaolajat. Hozzáadjuk az apróra vágott hagymát és a felaprított fokhagymát, és addig pároljuk, amíg a hagyma áttetszővé és aromás lesz.

c) Keverjük hozzá a curryport, és főzzük még egy percig, hogy felszabaduljon az íze.

d) Adja hozzá az Arborio rizst a serpenyőbe, és keverje meg, hogy a szemeket bevonja a hagymával, fokhagymával és curryvel.

e) Felöntjük a fehérborral, és addig keverjük, amíg fel nem szívja a rizs.

f) Kezdje el hozzáadni a húslevest, egy merőkanállal, folyamatosan keverve, és hagyja, hogy minden hozzávaló felszívódjon, mielőtt további adagot adna hozzá.

g) Folytassa ezt a folyamatot, amíg a rizs al dente meg nem fő, és krémes állagú lesz (ez általában körülbelül 20-25 percig tart).

h) Hozzákeverjük a reszelt parmezán sajtot és a vajat, majd ízlés szerint sózzuk, borsozzuk. Jól keverjük össze, amíg a sajt és a vaj megolvad, és a rizottóhoz nem keveredik.

i) Óvatosan hajtsa bele a főtt homárhúst, hogy egyenletesen oszoljon el a rizottóban. Főzzük további 2-3 percig, amíg a homár át nem melegszik.

j) Levesszük a tűzről, és pár percig pihentetjük a rizottót.

k) Tálaljuk a curry homár rizottót tálkákban, friss korianderrel vagy petrezselyemmel díszítve.

27. Homár Mac és sajt

ÖSSZETEVŐK:

- 1 evőkanál olívaolaj
- 3 homár farok, hosszában kettévágva és kivágva
- 3 evőkanál vaj
- 2 evőkanál liszt
- 1 ½ csésze fele és fele
- ½ csésze tej
- ¼ teáskanál paprika
- ¼ teáskanál chili por
- Só ízlés szerint
- ¼ teáskanál Worcestershire szósz
- ½ csésze reszelt Cheddar sajt
- 3 evőkanál reszelt Gruyere sajt
- 1 csésze elkészített könyökmakaróni
- ½ csésze Panko zsemlemorzsa
- ¼ csésze olvasztott vaj
- 5 evőkanál reszelt parmezán sajt

UTASÍTÁS
a) A sütőt előmelegítjük 400 fokra.
b) Kenjen be két gratén edényt tapadásmentes spray-vel
c) Egy serpenyőben felforrósítjuk az olajat, és közepes lángon 2 percig pirítjuk a homárfarkokat.
d) Hagyja kihűlni a homárt, és válassza le a húst a héjától.
e) Vágja fel a húst, és dobja ki a héját.
f) Ugyanezzel a serpenyővel olvasszuk fel a vajat.
g) A lisztet belekeverve roux-t készítünk, majd 1 percig keverjük.
h) Öntsük hozzá a felét és a tejet, és keverjük tovább 3 percig.
i) Hagyja forrni a folyadékot, és adja hozzá a paprikát, a chiliport, a sót és a Worcestershire szószt.
j) 4 percig forraljuk.
k) Adjuk hozzá a cheddar és a Gruyere sajtot, és keverjük 5 percig, amíg a sajt elolvad.
l) Adjuk hozzá a makarónit a sajtszószhoz, és óvatosan keverjük hozzá a homárdarabkákat.
m) Mindkét gratin edényt megtöltjük a mac és a sajt keverékével.
n) Egy tálban összekeverjük a Pankót, az olvasztott vajat és a parmezán sajtot.
o) Csorgassuk a keveréket a mac-ra és a sajtra.
p) 15 percig sütjük a macit és a sajtot.

28.Homár és garnéla lasagna

ÖSSZETEVŐK:
- 9 lasagne tészta
- 1 kiló főtt homárhús, apróra vágva
- 1 kiló főtt garnélarák, meghámozva és kifőzve
- 2 evőkanál vaj
- ½ csésze apróra vágott hagyma
- 2 gerezd fokhagyma, felaprítva
- ¼ csésze univerzális liszt
- 2 csésze tej
- 1 csésze tenger gyümölcsei húsleves
- 1 csésze reszelt mozzarella sajt
- ½ csésze reszelt parmezán sajt
- ¼ csésze apróra vágott friss petrezselyem
- Só és bors ízlés szerint

UTASÍTÁS:

a) Melegítsd elő a sütőt 190°C-ra, és enyhén kenj ki egy 9x13 hüvelykes tepsit.
b) A lasagne tésztát a csomagoláson található utasítások szerint főzzük meg. Lecsepegtetjük és félretesszük.
c) Egy nagy serpenyőben közepes lángon olvasszuk fel a vajat. Hozzáadjuk az apróra vágott hagymát és a felaprított fokhagymát, és puhára pároljuk.
d) A lisztet rászórjuk a hagymás és fokhagymás keverékre, és állandó keverés mellett 1-2 percig főzzük. Fokozatosan keverje hozzá a tejet és a tenger gyümölcsei húslevest. Tovább főzzük, amíg a szósz besűrűsödik.
e) Keverje hozzá a reszelt mozzarella sajtot és a reszelt parmezán sajtot, amíg el nem olvad és sima.
f) Adjuk hozzá az apróra vágott homárhúst, a főtt garnélarákot és az apróra vágott petrezselymet a szószhoz. Ízlés szerint sózzuk, borsozzuk. Keverjük össze.
g) A sütőedény alját vékonyan megkenjük a tenger gyümölcsei szósszal. Helyezzünk rá három lasagne tésztát.
h) Egy réteg tenger gyümölcsei keveréket kenjünk a tésztákra. Ismételje meg a rétegeket három lasagne tésztával és több tengeri keverékkel.
i) Tedd rá a maradék három lasagne tésztát, és öntsd rá a maradék tenger gyümölcsei szószt.
j) A tetejére szórjunk még reszelt parmezán sajtot.
k) Fedjük le a tepsit alufóliával és süssük 25 percig.
l) Vedd le a fóliát, és süsd további 10 percig, amíg a sajt megolvad és megpirul.
m) Tálalás előtt hagyjuk néhány percig hűlni.

29.Homár tészta rakott

ÖSSZETEVŐK:
- 2 friss homár
- 3 evőkanál só
- ½ teáskanál só
- 3 evőkanál vaj
- 1 medvehagyma
- 1 evőkanál paradicsompüré
- 3 gerezd fokhagyma
- ¼ c. pálinka
- ½ c. tejszín
- teáskanál frissen őrölt fekete bors
- ½ font tojásos tészta
- 1 evőkanál friss citromlé
- 6 szál kakukkfű

UTASÍTÁS:
a) Főzzük a homárt:
b) Egy nagy tálat félig megtöltünk jéggel és vízzel, majd tegyük félre. Forraljunk fel egy nagy fazék vizet és 3 evőkanál sót, és a homárokat fejjel előre, hosszú nyelű fogóval mártsuk a vízbe. Csökkentse a hőt alacsonyra, és lefedve főzzük 4 percig. Csepegtessük le a homárokat, és tegyük az előkészített jégfürdőbe hűlni. Törje fel a héjakat, távolítsa el a farkát és a karmos húst. Foglalja le a kagylókat. Vágja fel a farokhúst ½ hüvelyk vastag medalionokra, a karmos húst pedig nagy darabokra, és tegye félre.
c) Süssük meg a tepsit:
d) Melegítse elő a sütőt 350 °F-ra. Négy 1 csésze kapacitású sütőedényt vagy egy 9 hüvelykes kerek sütőedényt vékonyan kenjünk be 1 evőkanál vajjal, és tegyük félre. Olvasszuk fel a maradék vajat egy közepes serpenyőben, közepes lángon.
e) Adjuk hozzá a medvehagymát és főzzük puhára. Hozzáadjuk a fenntartott héjakat, a paradicsompürét és a fokhagymát, és folyamatos keverés mellett 5 percig főzzük.
f) Vegye le a serpenyőt a tűzről, és öntse hozzá a brandyt. Tegyük vissza a tűzre, és forraljuk fel a keveréket folyamatos keverés mellett. Csökkentse a hőt közepesen alacsonyra, adjon hozzá 1 ½ csésze vizet, és lassú tűzön párolja, amíg kissé besűrűsödik – körülbelül 15 percig. Szűrjük le a keveréket, és keverjük hozzá a tejszínt, a maradék sót és borsot.
g) Hozzáadjuk a tojásos tésztát, a homárhúst és a citromlevet, és bevonjuk. Osszuk el egyenletesen a keveréket az elkészített sütőedények között, fedjük le alufóliával, és süssük addig, amíg a homár megpuhul, és a tészta forró – körülbelül 20 percig.
h) Díszítsük kakukkfű ágakkal, és azonnal tálaljuk.

30.Tengeri tészta rakott

ÖSSZETEVŐK:

- ¼ csésze olívaolaj
- 1 font friss spárga, vágva és 1 hüvelykes darabokra vágva
- 1 csésze apróra vágott zöldhagyma
- 1 ek. darált fokhagyma
- 16 uncia pkg. linguine tészta, főtt és lecsepegtetve
- 1 font közepes garnélarák, főzve, hámozva és kifejtve
- 8 uncia rákhús, főtt
- 8 uncia friss homár, főzve
- 8 uncia konzerv fekete olajbogyó, lecsepegtetve

UTASÍTÁS:

a) Melegítsük elő a sütőt 350°-ra. Permetezzen be egy 4 literes rakott edényt tapadásmentes főzőpermettel. Egy serpenyőben közepes lángon adjuk hozzá az olívaolajat.

b) Amikor az olaj forró, hozzáadjuk a spárgát, a zöldhagymát és a fokhagymát. 5 percig pirítjuk.

c) Vegyük le a serpenyőt a tűzről, és adjuk hozzá a zöldségeket és az olívaolajat a rakott edényhez.

d) Adja hozzá a linguine tésztát, a rákot, a homárt és a fekete olajbogyót a rakott ételhez.

e) Dobd össze, amíg össze nem áll. 30 percig sütjük, vagy amíg a tepsi felforrósodik.

f) Kivesszük a sütőből és tálaljuk.

31. Csokornyakkendős tészta homárral és articsókkal

ÖSSZETEVŐK:

- 8 uncia csokornyakkendős tészta
- 2 homárfarok, főzve és eltávolítva a húst
- 1 csésze articsóka szív, lecsepegtetve és apróra vágva
- 2 evőkanál vaj
- 2 gerezd fokhagyma, felaprítva
- ½ csésze csirke- vagy zöldségleves
- ½ csésze nehéz tejszín
- ¼ csésze reszelt parmezán sajt
- 1 evőkanál friss citromlé
- Só és bors ízlés szerint
- Friss petrezselyem, apróra vágva (díszítéshez)

UTASÍTÁS:

a) A csokornyakkendős tésztát a csomagolási utasítás szerint al dente főzzük. Lecsepegtetjük és félretesszük.

b) Egy nagy serpenyőben közepes lángon olvasszuk fel a vajat. Adjuk hozzá a felaprított fokhagymát, és pároljuk körülbelül egy percig, amíg illatos lesz.

c) Adjuk hozzá az articsóka szíveket a serpenyőbe, és főzzük 2-3 percig, időnként megkeverve.

d) Adjuk hozzá a homárhúst a serpenyőbe, és főzzük további 2 percig, miközben óvatosan keverjük össze az articsókkal.

e) Öntsük hozzá a csirke- vagy zöldséglevest, és forraljuk fel. Hagyja főzni néhány percig, amíg a húsleves kissé meg nem puhul.

f) Csökkentse a hőt alacsonyra, és keverje hozzá a tejszínt, a parmezán sajtot és a citromlevet. Ízlés szerint sózzuk, borsozzuk. Óvatosan pároljuk 3-4 percig, hogy az ízek összeérjenek.

g) Adjuk hozzá a főtt csokornyakkendős tésztát a serpenyőbe, és keverjük össze az egészet, amíg a tésztát jól be nem vonja a szósz.

h) Levesszük a tűzről, és apróra vágott petrezselyemmel díszítjük.

i) A csokornyakkendős tésztát homárral és articsókkal tálaljuk azonnal, még forrón. Köret salátával vagy ropogós kenyérrel kísérhetjük.

32.Kagyló ravioli sáfránylevesben

ÖSSZETEVŐK:
- ¾ font homárhús
- 4 tojás
- ¼ csésze kemény tejszín
- ½ csésze puha fehér kenyérmorzsa
- ½ teáskanál Só
- ½ teáskanál Frissen őrölt fehér bors
- 2 evőkanál apróra vágott friss tárkonylevél
- 1 csomag Wonton csomagolóanyag
- 4 csésze halleves
- ½ teáskanál sáfrány szál
- 1 kisebb vagy közepes paradicsom kockára vágva
- Apróra vágott friss fűszernövények, például tárkony vagy metélőhagyma

UTASÍTÁS:
a) Egy robotgépbe tegyük a homárhúst és 3 tojást.
b) Fémpenge impulzussal, amíg a tenger gyümölcsei durvára nem vágódnak. Kaparja le az oldalakat.
c) Adjuk hozzá a tejszínt, a zsemlemorzsát, sózzuk, borsozzuk és keverjük össze. Ne dolgozza túl a tejszínt, különben szemcsés lesz, vagy akár vaj lesz.
d) A keveréket egy tálba szedjük, és spatulával összeturmixoljuk az apróra vágott tárkonyleveleket.
e) Teríts ki 1 wonton bőrt egy táblára. Egy cukrászzacskó vagy egy teáskanál segítségével tegyen körülbelül 1 teáskanál tölteléket a közepére. Egy kis tálban keverjük össze a maradék tojást 3 evőkanál vízzel. Kenje meg a második wonton bőrt a tojásmosó keverékkel, és helyezze rá a töltelékre, ujjaival finoman nyomja meg, hogy eltávolítsa a beszorult levegőt, és lezárja a wonton héjak széleit.
f) A nyers ravioli lefedett edényben legfeljebb 2 napig tárolható a hűtőszekrényben, vagy több hétig a fagyasztóban. A fagyasztáshoz tedd a raviolit egy rétegben egy viaszpapírral bélelt tepsire, és tedd a fagyasztóba, amíg megdermed. Ezután kivehetők és cukrászzacskóban tárolhatók.
g) Egy serpenyőben forraljuk fel a hallét, forraljuk fel a lángot, és adjuk hozzá a sáfrányt. Forraljuk tovább 5 percig, miközben elkezdjük főzni a raviolit.
h) Főzéshez helyezze a raviolit forrásban lévő sós vízbe, és forralja tovább, amíg el nem kezd úszni (kb. 2-3 perc friss ravioli, 5-6 perc fagyasztott esetében).
i) Lecsepegtetjük és 4 tálba osztjuk. Minden tálba öntsünk ½ csésze hallevest, majd díszítsük egy kis kockára vágott paradicsommal és néhány apróra vágott friss fűszernövénnyel, például tárkonnyal vagy metélőhagymával.
j) Forrón tálaljuk.

33.Kínai homár pörkölt

ÖSSZETEVŐK:

- 2 élő homár (egyenként körülbelül 1,5 font)
- 2 evőkanál növényi olaj
- 2 gerezd fokhagyma, felaprítva
- 1 hüvelykes darab gyömbér, meghámozva és lereszelve
- 1 vöröshagyma, vékonyra szeletelve
- 1 piros kaliforniai paprika, vékonyra szeletelve
- 1 zöld kaliforniai paprika, vékonyra szeletelve
- 1 sárgarépa, vékonyra szeletelve
- 1 csésze csirkehúsleves
- 2 evőkanál szójaszósz
- 1 evőkanál osztriga szósz
- 1 evőkanál kukoricakeményítő 2 evőkanál vízben feloldva
- 1 evőkanál szezámolaj
- Só és bors ízlés szerint
- Díszítésnek apróra vágott zöldhagyma

UTASÍTÁS:

a) Készítse elő a homárokat úgy, hogy körülbelül 20-30 percre a fagyasztóba helyezi. Ez segít megnyugtatni őket főzés előtt.

b) Tölts meg egy nagy edényt vízzel, és forrald fel. Sózzuk a forrásban lévő vízhez.

c) Óvatosan helyezze a homárokat forrásban lévő vízbe, és főzze körülbelül 8-10 percig, vagy amíg a héja élénkpirosra nem válik.

d) Vegye ki a homárokat az edényből, és hagyja kissé kihűlni. Ha kihűlt, vegyük ki a húst a héjából, és vágjuk falatnyi darabokra. Félretesz, mellőz.

e) Egy nagy wokban vagy serpenyőben melegítse fel a növényi olajat közepes lángon.

f) Adjuk hozzá a felaprított fokhagymát és a reszelt gyömbért a forró olajhoz, és kevergetve pirítsuk körülbelül 1 percig, amíg illatos lesz.

g) Adjuk hozzá a felszeletelt hagymát, a piros és zöld kaliforniai paprikát és a sárgarépát a wokban. 2-3 percig kevergetve pirítjuk, amíg a zöldségek kissé megpuhulnak.

h) Egy kis tálban keverje össze a csirkelevest, a szójaszószt és az osztrigaszószt. Ezt a keveréket a wokba öntjük a zöldségekkel.

i) Forraljuk fel a keveréket, és hagyjuk főni körülbelül 5 percig, hogy az ízek összeérjenek.

j) Keverje hozzá a feloldott kukoricakeményítőt, hogy a szósz besűrűsödjön.

k) Adja hozzá a főtt homárhúst a wokhoz, és óvatosan keverje össze.

l) Főzzük további 2-3 percig, amíg a homár át nem melegszik.

m) A pörköltet meglocsoljuk szezámolajjal, és ízlés szerint sózzuk, borsozzuk.

n) Díszítsük apróra vágott zöldhagymával.

o) Tálaljuk a kínai homárpörköltet forrón, párolt rizzsel vagy tésztával.

p) Élvezze ennek az ízletes és megnyugtató, kínai ihletésű homárételnek a finom ízeit.

34.Homár-paradicsomos keksz

ÖSSZETEVŐK:
- 1 evőkanál olívaolaj
- 4-6 gerezd fokhagyma apróra vágva
- 1 szár zeller, apróra vágva
- 1 kis édes fehér hagyma finomra vágva
- 1 közepes paradicsom, felkockázva
- 1½–1¾ kilós homár
- 2 csésze teljes tej
- 1 csésze paradicsomszósz
- ½ csésze nehéz tejszín
- ½ csésze halállomány
- 4 evőkanál (½ rúd) sótlan vaj
- 2 evőkanál finomra vágott friss petrezselyem
- 1 teáskanál frissen őrölt fekete bors

UTASÍTÁS:
a) Melegítsük fel az olajat egy nagy serpenyőben közepes-magas lángon. Hozzáadjuk a fokhagymát, a zellert és a hagymát, és kevergetve 8-10 percig főzzük. Adjuk hozzá a paradicsomot.

b) Fektesse a homárt a hátára egy vágódeszkára. Végezzen bemetszést a farok közepén majdnem a hegyéig anélkül, hogy átvágná a héjat; szét a farkát.

c) Grill a homárt 15-18 percig, héjával lefelé, zárt fedéllel. Helyezze vissza a homárt a grillről egy vágódeszkára, és távolítsa el a húst és a tomalley-t. Dobja el a héját, és tegye félre a húst.

d) Forrald fel a tejet, a paradicsomszószt, a tejszínt, az aplevet és a vajat a serpenyőben a zöldségekkel. Csökkentse a hőt alacsonyra. 10 percig pároljuk, gyakran kevergetve.

e) Adjuk hozzá a homárhúst és a tomalley-t, valamint a petrezselymet és a borsot. Fedjük le és pároljuk a lehető legalacsonyabb lángon 4-5 percig.

35.Gombgomba és homár

ÖSSZETEVŐK:
- 2 homárfarok, főzve és eltávolítva a húst
- 8 uncia gomba, szeletelve
- 2 evőkanál vaj
- 2 gerezd fokhagyma, felaprítva
- ¼ csésze száraz fehérbor
- ½ csésze csirke- vagy zöldségleves
- ½ csésze nehéz tejszín
- 1 evőkanál friss citromlé
- Só és bors ízlés szerint
- Friss petrezselyem, apróra vágva (díszítéshez)

UTASÍTÁS:
a) Egy nagy serpenyőben közepes lángon olvasszuk fel a vajat. Adjuk hozzá a felaprított fokhagymát, és pároljuk körülbelül egy percig, amíg illatos lesz.
b) Tegye a felszeletelt gombát a serpenyőbe, és időnként megkeverve süsse 4-5 percig, amíg aranybarna és puha nem lesz.
c) Öntsük fel a fehérborral, és öntsük le a serpenyőt úgy, hogy az aljáról lekaparjuk a megbarnult darabokat. Hagyja a bort egy-két percig főni, hogy kissé csökkenjen.
d) Adjuk hozzá a csirke- vagy zöldséglevest a serpenyőbe, és forraljuk fel. 2-3 percig főzzük, hogy az ízek összeérjenek.
e) Csökkentse a hőt alacsonyra, és keverje hozzá a tejszínt és a citromlevet. Ízlés szerint sózzuk, borsozzuk. Óvatosan pároljuk 3-4 percig, hagyjuk, hogy a szósz kissé besűrűsödjön.
f) Adja hozzá a főtt homárhúst a serpenyőbe, és óvatosan keverje össze a gombával és a szósszal. Hagyja melegedni egy-két percig.
g) Levesszük a tűzről, és apróra vágott petrezselyemmel díszítjük.
h) A gombát és a homárt azonnal tálaljuk, még forrón. Ez az étel jól illik párolt rizzsel, ropogós kenyérrel vagy tésztával.

36.Homár és mangó saláta

ÖSSZETEVŐK:
- 2 homárfarok, főzve és eltávolítva a húst
- 1 érett mangó kockára vágva
- ¼ csésze piros kaliforniai paprika, kockára vágva
- ¼ csésze uborka, kockára vágva
- 2 evőkanál apróra vágott friss menta
- 1 lime leve
- 1 evőkanál méz
- Só és bors ízlés szerint
- Vajas saláta levelek a tálaláshoz

UTASÍTÁS:
a) Vágja a homárhúst falatnyi darabokra.

b) Egy tálban keverjük össze a felkockázott mangót, a piros kaliforniai paprikát, az uborkát és az apróra vágott mentát.

c) Adja hozzá az apróra vágott homárhúst a tálba.

d) Egy külön kis tálban keverje össze a lime levét, mézet, sót és borsot.

e) Öntse az öntetet a homárkeverékre, és óvatosan dobja fel, hogy bevonja.

f) A homár-mangó salátát vajas salátalevélen tálaljuk.

g) Élvezze ennek a trópusi ihletésű homársalátának az édes és csípős ízeit.

37.Homár cézár saláta

ÖSSZETEVŐK:

- 2 homárfarok, főzve és eltávolítva a húst
- 4 csésze apróra vágott római saláta
- ¼ csésze reszelt parmezán sajt
- ¼ csésze kruton
- Caesar öntet a tálaláshoz

UTASÍTÁS:

a) Vágja a homárhúst falatnyi darabokra.

b) Egy nagy tálban keverjük össze az apróra vágott római salátát, a reszelt parmezán sajtot és a krutont.

c) Adja hozzá az apróra vágott homárhúst a tálba.

d) Meglocsoljuk Caesar öntettel, vagy az öntetet az oldalára tálaljuk.

e) Közvetlenül tálalás előtt keverjük össze a hozzávalókat, hogy az ízek összeérjenek.

f) Élvezze a gazdag homárhús és a Caesar saláta klasszikus ízeinek kombinációját.

38.Sifonád homárból

ÖSSZETEVŐK:

- 2 homárfarok, főzve és eltávolítva a húst
- Ön által választott friss fűszernövények (például bazsalikom, tárkony vagy metélőhagyma)
- Citromszeletek (a tálaláshoz)

UTASÍTÁS:

a) Vegye ki a főtt homárhúst, és távolítsa el a héjakat vagy a porcot. Győződjön meg arról, hogy a homárhús megfőtt és lehűtött.

b) Vegyük a homárhúst, és óvatosan szeleteljük vékony csíkokra. Ehhez éles kést vagy konyhai ollót használhat.

c) Válassza ki a kívánt friss fűszernövényeket, például bazsalikomot, tarhonyát vagy metélőhagymát, amelyek jól kiegészítik a homár ízét. A gyógynövények leveleit egymásra halmozzuk.

d) A halmozott fűszernövényeket szorosan feltekerjük szivarformára.

e) Éles késsel vékony csíkokra szeleteljük a feltekert fűszernövényeket. Ezzel gyógynövényekből sifont hoz létre.

f) Keverje össze a homár-sifonádot és a gyógynövényes sifonádot egy tálban, és óvatosan dobja össze őket.

g) Tálaljuk a homárból és fűszernövényekből készült sifonádat különféle ételek feltétjeként vagy köreteként. Használható saláták, tésztaételek, vagy tengeri ételek ízesítésére.

h) Tálalás előtt facsarjon friss citromlevet a homár sifonádra, hogy fényesebbé tegye és fokozza az ízeket.

39.Homár tabbouleh bazsalikommal

ÖSSZETEVŐK:

- 2 homár farok
- 1 csésze bulgur búza
- 2 csésze forrásban lévő víz
- 1 csésze koktélparadicsom félbevágva
- 1 uborka, felkockázva
- ½ vöröshagyma, apróra vágva
- ½ csésze friss bazsalikomlevél, apróra vágva
- ¼ csésze friss petrezselyem, apróra vágva
- ¼ csésze friss mentalevél, apróra vágva
- 1 citrom leve
- 3 evőkanál extra szűz olívaolaj
- Só és bors ízlés szerint

UTASÍTÁS:

a) Főzzük a homár farkát forrásban lévő sós vízben, amíg a héja élénkpiros nem lesz, és a hús megpuhul. Vegyük ki a homárhúst a héjából, és vágjuk falatnyi darabokra. Félretesz, mellőz.

b) Tegye a bulgur búzát egy nagy tálba, és öntsön rá forrásban lévő vizet. Fedjük le a tálat egy tiszta konyharuhával, és hagyjuk ázni a bulgur búzát körülbelül 20 percig, amíg megpuhul.

c) Engedje le a felesleges vizet a bulgur búzáról, és öntse át egy tálba.

d) Adjuk hozzá a koktélparadicsomot, a kockára vágott uborkát, az apróra vágott lilahagymát, az apróra vágott bazsalikomleveleket, az apróra vágott petrezselymet és az apróra vágott mentaleveleket a bulgur búzával együtt.

e) Egy kis tálban keverjük össze a citromlevet, az extraszűz olívaolajat, a sót és a borsot. Öntsük az öntetet a tabbouleh keverékre, és keverjük össze mindent, amíg jól össze nem áll.

f) Óvatosan hajtsa bele az apróra vágott homárhúst, ügyelve arra, hogy egyenletesen oszoljon el a tabbouleh-ban.

g) Hagyja állni a tabbouleh-t körülbelül 10-15 percig, hogy az ízek összeérjenek.

h) Közvetlenül a tálalás előtt dobja meg a tabbouleh-t, hogy belekeverje az öntetet, amely leragadt a tál alján.

i) Díszítse a homár tabbouleh-t további friss bazsalikom levelekkel.

j) Tálalja a homár tabbouleh-t frissítő főételként vagy kellemes köretként. Jól párosítható grillezett tenger gyümölcseivel vagy csirkehússal.

GARNÉLARÁK

40.Bouillabaisse harap

ÖSSZETEVŐK:
- 24 közepes garnélarák, hámozott és Deveined
- 24 közepes Tengeri kagyló
- 2 csésze paradicsomszósz
- 1 doboz darált kagyló (6-½ oz)
- 1 evőkanál Pernod
- 20 milliliter
- 1 babérlevél
- 1 teáskanál bazsalikom
- ½ teáskanál Só
- ½ teáskanál Frissen őrölt bors
- Fokhagyma, darált
- Sáfrány

UTASÍTÁS:
a) Nyársaljon fel 8 hüvelykes bambusznyársra garnélarákot és fésűkagylót, nyáronként 1 garnélarákot és 1 kagylót használva; tekerd a rák farkát a fésűkagyló köré.

b) Keverje össze a paradicsomszószt, a kagylót, a Pernodot, a fokhagymát, a babérlevelet, a bazsalikomot, a sót, a borsot és a sáfrányt egy lábosban. Forraljuk fel a keveréket.

c) A nyársra vágott halat egy sekély tepsibe helyezzük.

d) Öntsük mártással a nyársra. Süssük fedő nélkül 350 fokon 25 percig.

41.Linguine és garnélarák Scampi

ÖSSZETEVŐK:
- 1 csomag linguine tészta
- ¼ csésze vaj
- 1 apróra vágott piros kaliforniai paprika
- 5 gerezd darált fokhagyma
- 45 nyers nagy garnéla hámozott és kifőzött ½ csésze száraz fehérbor ¼ csésze csirkehúsleves
- 2 evőkanál citromlé
- ¼ csésze vaj
- 1 teáskanál zúzott pirospaprika pehely
- ½ teáskanál sáfrány
- ¼ csésze apróra vágott petrezselyem
- Só ízlés szerint

UTASÍTÁS:
a) található utasítások szerint, ami körülbelül 10 percet vesz igénybe.
b) Leöntjük a vizet, és félretesszük.
c) Egy nagy serpenyőben olvasszuk fel a vajat.
d) A kaliforniai paprikát és a fokhagymát egy serpenyőben 5 percig főzzük.
e) Adjuk hozzá a garnélarákot, és pirítsuk tovább további 5 percig.
f) Távolítsa el a garnélarákot egy tálra, de a fokhagymát és a borsot tartsa a serpenyőben.
g) Forraljuk fel a fehérbort, a húslevest és a citromlevet.
h) Tegye vissza a garnélarákot a serpenyőbe további 14 csésze jobbal.
i) Adjuk hozzá a pirospaprika pelyhet, a sáfrányt és a petrezselymet, és ízlés szerint sózzuk.
j) A tésztával való összeforgatás után 5 percig pároljuk.

42.Garnélarák a la Plancha sáfrányos allioli pirítóssal

ÖSSZETEVŐK:
ALLIOLI
- 1 nagy csipet sáfrány
- 1 nagy tojássárgája
- 1 gerezd fokhagyma, finomra vágva
- 1 teáskanál kóser só
- 1 csésze extra szűz olívaolaj, lehetőleg spanyol
- 2 teáskanál citromlé, szükség esetén még több

GARNÉLARÁK
- Négy ½ hüvelyk vastag szelet vidéki kenyér
- 2 evőkanál jó minőségű extra szűz olívaolaj, lehetőleg spanyol
- 1½ font jumbo
- 20 számos hámozott garnélarák
- Kóser só
- 2 citrom félbevágva
- 3 gerezd fokhagyma, apróra vágva
- 1 teáskanál frissen őrölt fekete bors
- 1 csésze száraz sherry
- 2 evőkanál durvára vágott lapos petrezselyem

UTASÍTÁS:
a) Készítse el az aiolit: Egy kis serpenyőben, közepes lángon pirítsa meg a sáfrányt, amíg törékennyé nem válik, 15-30 másodpercig.

b) Fordítsuk ki egy kis tányérra, és egy kanál hátával törjük össze. Egy közepes tálba adjuk hozzá a sáfrányt, a tojássárgáját, a fokhagymát és a sót, és erőteljesen keverjük, amíg jól össze nem keveredik.

c) Kezdje el néhány cseppenként hozzáadni az olívaolajat, alaposan keverje össze a hozzáadások között, amíg az aioli sűrűsödni nem kezd, majd nagyon lassú és egyenletes sugárban csepegtesse a maradék olajat a keverékbe, és addig keverje az aiolit, amíg sűrű és krémes nem lesz.

d) Hozzáadjuk a citromlevet, megkóstoljuk, és szükség szerint még citromlével és sóval ízesítjük. Tegyük át egy kis tálba, fedjük le műanyag fóliával és tegyük hűtőbe.

e) Pirítós készítés: Állítsa a sütőrácsot a legfelső helyzetbe, a brojlert pedig magasra. Helyezze a kenyérszeleteket egy peremes tepsire, és kenje meg a kenyér mindkét oldalát 1 evőkanál olajjal.

f) A kenyeret aranybarnára pirítjuk, körülbelül 45 másodpercig. Fordítsa meg a kenyeret, és pirítsa meg a másik oldalát (figyelje meg alaposan a brojlert, mivel a brojler intenzitása változó), 30-45 másodpercig tovább. Vegye ki a kenyeret a sütőből, és tegye minden szeletet egy tányérra.

g) Egy nagy tálba helyezzük a garnélarákot. Egy vágókés segítségével vágja le a garnélarák ívelt hátát, eltávolítva az eret (ha van ilyen), és a héjat érintetlenül hagyva. Melegítsen egy nagy, vastag aljú serpenyőt közepesen magas lángon, amíg majdnem füstölni kezd, 1,5-2 percig.

h) Adjuk hozzá a maradék 1 evőkanál olajat és a garnélarákot. Szórjunk rá egy csipet sóval és egy fél citrom levével a garnélarákra, és főzzük 2-3 percig, amíg a garnélarák el nem kezd felkunkorodni, és a héj szélei megbarnulnak.

i) Fogó segítségével fordítsa meg a garnélarákot, szórja meg több sóval és egy másik citromfél levével, és főzze, amíg a garnélarák világos rózsaszínű nem lesz, körülbelül 1 perccel tovább. Készítsen mélyedést a serpenyő közepén, és keverje hozzá a fokhagymát és a fekete borsot; amint a fokhagyma illatos, körülbelül 30 másodperc elteltével adjuk hozzá a sherryt, forraljuk fel, és keverjük bele a fokhagymás-sherry keveréket a garnélarákba.

j) Megfőzzük, kevergetve és a serpenyő aljáról a barna darabkákat a szószba kaparjuk. Zárd le a tüzet, és facsard bele egy másik fél citrom levét. A maradék citrom felét szeletekre vágjuk.

k) Kenje meg minden szelet kenyér tetejét egy bőséges kanál sáfrányos aiolival. Osszuk el a garnélarákot a tányérok között, és öntsünk mártással minden adagot. Megszórjuk petrezselyemmel, és citromkarikákkal tálaljuk.

43. Bombay ördöghal

ÖSSZETEVŐK:
- 1 kilós ördöghal, nyúzva
- Tej fedőig
- ¼ font héjas garnélarák
- 2 tojás
- 3 evőkanál paradicsompüré ½ teáskanál curry por
- 2 teáskanál citromlé
- ¼ teáskanál friss rozmaring, apróra vágva
- 1 csipet sáfrány vagy kurkuma ¾ csésze könnyű krém
- Só és bors ízlés szerint

UTASÍTÁS:
a) Melegítse elő a sütőt 350 F-ra. Tegye az ördöghalat egy akkora serpenyőbe, hogy el tudja tartani. Öntsük rá a tejet, és helyezzük a serpenyőt mérsékelt tűzre.
b) Forraljuk fel, fedjük le, és főzzük 8 percig. Fordítsa meg a halat, és süsse tovább 7 percig, vagy amíg a hal meg nem fő.
c) Amikor az ördöghal majdnem kész, adjuk hozzá a garnélarákot, és főzzük 2-3 percig, vagy amíg rózsaszínűek nem lesznek.
d) A halat és a garnélarákot lecsöpögtetjük, a tejet kiöntjük.
e) Vágja az ördöghalat falatnyi darabokra. Verjük fel a tojásokat paradicsompürével, curryporral, citromlével, rozmaringgal, sáfránnyal és ½ csésze tejszínnel.
f) Keverjük hozzá a halat és a garnélarákot, és ízlés szerint sózzuk, borsozzuk.
g) Forgassa 4 különálló ramekin edénybe, és öntsön egyenlő mennyiségű maradék tejszínt mindegyik edény tetejére.
h) 20 percig sütjük, vagy amíg meg nem áll. Forrón tálaljuk egy kifacsart citrommal és ropogós francia kenyérrel.

44.Csirke, garnélarák és chorizo paella

ÖSSZETEVŐK:

- ½ teáskanál sáfrányszál, összetörve
- 2 evőkanál olívaolaj
- 1 kiló bőr nélküli, kicsontozott csirkecomb, 2 hüvelykes darabokra vágva
- 4 uncia főtt, füstölt spanyol stílusú chorizo kolbász, szeletelve
- 1 közepes vöröshagyma, apróra vágva
- 4 gerezd fokhagyma, felaprítva
- 1 csésze durvára reszelt paradicsom
- 1 evőkanál füstölt édes paprika
- 6 csésze csökkentett nátriumtartalmú csirkehúsleves
- 2 csésze rövid szemű spanyol rizs, például bomba, Calasparra vagy Valencia
- 12 nagy garnélarák, meghámozva és kivágva
- 8 uncia fagyasztott borsó, felolvasztva
- Apróra vágott zöld olajbogyó (opcionális)
- Apróra vágott olasz petrezselyem

UTASÍTÁS:

a) Egy kis tálban keverje össze a sáfrányt és a 1/4 csésze forró vizet; 10 percig állni hagyjuk.

b) Közben egy 15 hüvelykes paella serpenyőben közepes-magas lángon hevítsünk olajat. Adja hozzá a csirkét a serpenyőhöz. Főzzük, időnként megforgatva, amíg a csirke megpirul, körülbelül 5 percig. Adjunk hozzá chorizo-t. Főzzük még 1 percig. Tegye az egészet egy tányérra. Adjuk hozzá a hagymát és a fokhagymát a serpenyőhöz. Főzzük és keverjük 2 percig. Adjuk hozzá a paradicsomot és a paprikát. Főzzük és keverjük még 5 percig, vagy amíg a paradicsom besűrűsödik és majdnem pasztaszerű lesz.

c) Tegyük vissza a csirkét és a chorizót a serpenyőbe. Adjunk hozzá csirkelevest, sáfrányos keveréket és 1/2 teáskanál sót; nagy lángon felforraljuk. Adja hozzá a rizst a serpenyőbe, egyszer keverje meg, hogy egyenletesen eloszlassa. Keverés nélkül főzzük, amíg a rizs fel nem szívja a folyadék nagy részét, körülbelül 12 percig. (Ha a serpenyő nagyobb, mint az égő, néhány percenként forgassa meg, hogy a rizs egyenletesen főjön.) Csökkentse a hőt alacsonyra. Keverés nélkül főzzük még 5-10 percig, amíg az összes folyadék fel nem szívódik, és a rizs al dente lesz. A tetejére garnélarákot és borsót teszünk. Vegyük magasra a hőt. Keverés nélkül főzzük még 1-2 percig (a szélek száraznak tűnnek, és kéreg képződik az alján). Távolítsa el. Fedjük le a tepsit fóliával. Tálalás előtt 10 percig pihentetjük. A tetejére olívabogyót teszünk, ha szükséges, és petrezselyemmel.

45.Mentás garnélarák falatok

ÖSSZETEVŐK:

- 2 evőkanál olívaolaj
- 10 uncia garnélarák, főtt
- 1 evőkanál menta, apróra vágva
- 2 evőkanál eritrit
- ⅓ csésze szeder, őrölt
- 2 teáskanál s currypor r
- 11 szelet prosciutto
- ⅓ csésze zöldségalaplé

UTASÍTÁS:

a) Csepegtessen olajjal minden garnélarákra, miután prosciutto szeletekre csomagolta.

b) Az instant fazékban keverje össze a szederet, a curryt, a mentát, az alaplevet és az eritritet, keverje össze, és főzze 2 percig alacsony lángon.

c) Tegye a párolókosarat és a becsomagolt garnélarákot az edénybe, fedje le, és főzze 2 percig magas hőmérsékleten.

d) A becsomagolt garnélarákot tányérra tesszük, és tálalás előtt meglocsoljuk mentaszósszal.

46.Kiwi gyümölcs és S garnélarák

ÖSSZETEVŐK:

- 3 Kiwi gyümölcs
- 3 evőkanál olívaolaj
- 1 font garnélarák, hámozott
- 3 evőkanál Liszt
- ¾ csésze Prosciutto, vékony csíkokra vágva
- 3 mogyoróhagyma, finomra vágva
- ⅓ teáskanál chili por
- ¾ csésze száraz fehérbor

UTASÍTÁS:

a) Hámozzuk meg a kivit. Tartson 4 szeletet a díszítéshez, a maradék gyümölcsöt pedig apróra vágja. Egy nehéz serpenyőben vagy wokban hevítsünk olajat. Dobja meg a garnélarákot lisztben, és pirítsa 30 másodpercig.

b) Adjuk hozzá a prosciuttót, a medvehagymát és a chiliport. Pároljuk még 30 másodpercig. Adjuk hozzá az apróra vágott kivit, és pirítsuk 30 másodpercig. Adjunk hozzá bort és csökkentsük felére.

c) Azonnal tálaljuk.

47. Gyógynövényes kecskesajt és prosciutto garnélarák

ÖSSZETEVŐK:
- 12 evőkanál kecskesajt
- 1 teáskanál apróra vágott friss petrezselyem
- 1 teáskanál apróra vágott friss tárkony
- 1 teáskanál apróra vágott friss cseresznye
- 1 teáskanál apróra vágott friss oregánó
- 2 teáskanál darált fokhagyma
- Só, bors
- 12 db nagy garnélarák, hámozott, farokkal és
- Pillangós
- 12 vékony szelet prosciutto
- 2 evőkanál olívaolaj
- Fehér szarvasgomba szitálás
- Olaj

UTASÍTÁS:
a) Egy keverőtálban keverjük össze a sajtot, a fűszernövényeket és a fokhagymát. Ízesítsük a keveréket sóval és borssal. A garnélarákot sóval és borssal ízesítjük.
b) Minden garnélarák üregébe nyomjunk egy evőkanál tölteléket.
c) Tekerje be minden garnélarákot szorosan egy darab prosciuttoval. Egy serpenyőben hevítsük fel az olívaolajat. Amikor az olaj forró, adjuk hozzá a töltött garnélarákot, és süssük 2-3 percig mindkét oldalát, vagy amíg a garnélarák rózsaszínűvé nem válik, és a farkuk a testük felé görbül. Kivesszük a serpenyőből, és egy nagy tányérra tesszük.
d) Meglocsoljuk a garnélarákot szarvasgomba olajjal.
e) Díszítsük petrezselyemmel.

48. Gnocchetti garnélarákkal és pestoval

ÖSSZETEVŐK:
- Búzadara tészta

PISTÁCIA PESTO
- 1 csésze pisztácia
- 1 csokor menta
- 1 gerezd fokhagyma
- ½ csésze reszelt Pecorino Romano
- ½ csésze olívaolaj
- Kóser só
- Frissen őrölt fekete bors
- 8 oz fava bab
- Olivaolaj
- 3 gerezd fokhagyma apróra vágva
- 2 lb nagy garnélarák, megtisztítva
- Törött pirospaprika, ízlés szerint
- Kóser só
- Frissen őrölt fekete bors
- ¼ csésze fehérbor
- 1 citrom, héjában

UTASÍTÁS :
a) Két tepsit szórjunk meg búzaliszttel.
b) A gnocchetti elkészítéséhez vágjunk le egy kis darabot a tésztából, és fedjük le a tészta többi részét műanyag fóliával. A tésztadarabot a kezével körülbelül ½ hüvelyk vastagságú kötéllé sodorja. Vágjon fél hüvelykes tésztadarabokat a kötélből. Hüvelykujjával finoman nyomja rá a tésztát egy gnocchi deszkára, és húzza el a testétől, hogy enyhe bemélyedés keletkezzen. Helyezze a gnocchettit a búzadarával megporított tepsire, és hagyja fedetlenül, amíg készen nem áll a sütésre.
c) A pisztácia pesto elkészítéséhez aprítógépben adjuk hozzá a pisztáciát, a mentát, a fokhagymát, a Pecorino Romanót, az olívaolajat, a sót és a frissen őrölt fekete borsot, és dolgozzuk pürésítésig.
d) Készítsen elő egy tál jeges vizet. Távolítsa el a fava babot a hüvelyből. A fava babot blansírozzuk úgy, hogy forrásban lévő vízben puhára főzzük, körülbelül 1 perc alatt. Kivesszük a vízből és jeges fürdőbe tesszük.
e) Ha kellően kihűlt, kivesszük a vízből, és félretesszük egy tálba. Távolítsa el a bab viaszos külső rétegét, és dobja ki.
f) Forraljunk fel egy nagy fazék sós vizet. Közben egy nagy serpenyőben, nagy lángon adjunk hozzá egy csepp olívaolajat, fokhagymát, garnélarákot, törött pirospaprikát, sót és frissen őrölt fekete borsot. Amíg a garnélarák fő, a tésztát forrásban lévő vízbe tesszük, és al dente főzzük kb. 3-4 percig. A tésztát fehérborral a serpenyőbe öntjük, és addig főzzük, amíg a bor a felére csökken, körülbelül egy percig.
g) Tálaláskor a tésztát elosztjuk tálak között. Citromhéjjal és pisztácia pestoval díszítjük.

49. Acadian popcorn

ÖSSZETEVŐK:

- 2 kiló kis garnélarák
- 2 nagy tojás
- 1 csésze száraz fehérbor
- ½ csésze Polenta
- ½ csésze liszt
- 1 evőkanál friss metélőhagyma
- 1 gerezd fokhagyma, felaprítva
- ½ teáskanál kakukkfű levél
- ½ teáskanál cseresznye
- ½ teáskanál fokhagymás só
- ½ teáskanál fekete bors
- ½ teáskanál cayenne bors
- ½ teáskanál paprika
- olaj a rántáshoz

UTASÍTÁS:

a) Öblítse le a rákot vagy a garnélarákot hideg vízben, csepegtesse le jól, és tegye félre, amíg szükséges. A tojásokat és a bort egy kis tálban felverjük, majd hűtőbe tesszük.

b) Egy másik kis tálban keverje össze a polentát, a lisztet, a metélőhagymát, a fokhagymát, a kakukkfüvet, a cseresznyét, a sót, a borsot, a cayenne borsot és a paprikát. A száraz hozzávalókat fokozatosan a tojásos keverékhez keverjük, jól összedolgozzuk. A kapott tésztát letakarjuk, majd szobahőmérsékleten 1-2 órát állni hagyjuk.

c) Melegítse fel az olajat holland sütőben vagy olajsütőben 375 °F-ra a hőmérőn.

d) A száraz tenger gyümölcseit mártsuk bele a tésztába, és kis adagokban süssük 2-3 percig, közben forgatjuk aranybarnára.

e) Vágja ki a garnélarákot egy lyukas kanállal, és több réteg papírtörlőn alaposan csepegtesse le. Felforrósított tálon tálaljuk kedvenc mártogatósunkkal.

50.Almás mázas tengeri nyárs

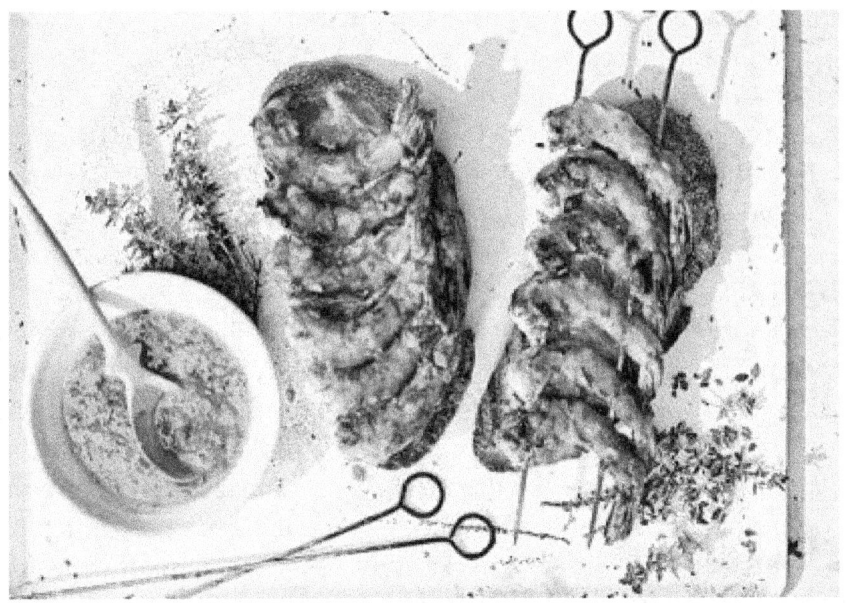

ÖSSZETEVŐK:
- 1 doboz almalé koncentrátum
- MINDEN 1 evőkanál vaj és dijoni mustár
- 1 nagy édes piros paprika
- 6 szelet bacon
- 12 tengeri kagyló
- 1 font hámozott, bontott garnélarák (kb. 36)
- 2 evőkanál kockára vágva friss petrezselyem

UTASÍTÁS:

a) Egy mély, nehéz serpenyőben forralja fel az almalékoncentrátumot nagy lángon 7 10 percig, vagy addig, amíg körülbelül ¾ csészére csökken. Vegyük le a tűzről, keverjük simára a vajat és a mustárt. Félretesz, mellőz. Vágja félbe a paprikát. Vágja ki a magokat és a szárat, majd vágja 24 darabra. A szalonnaszeleteket keresztben félbevágjuk, és minden fésűkagylót egy darab baconba csomagolunk.

b) nyársborsot , tengeri herkentyűt és garnélarákot felváltva 6 nyársra. Helyezze a nyársakat az olajozott grillrácsra. Közepesen magas lángon 2-3 percig grillezzük , meglocsoljuk almaleves mázzal, és gyakran forgatjuk , amíg a tengeri herkentyűk átlátszatlanok, a garnélarák rózsaszínűek és a bors puha nem lesz. Petrezselyemmel meglocsolva tálaljuk.

51.Garnélarák spenót saláták

ÖSSZETEVŐK:

- 1 font hámozott és főtt közepes garnélarák
- 4 zöldhagyma, vékonyra szeletelve
- 3/4 csésze csípős paradicsomos bacon salátaöntet
- 1 csomag (6 uncia) friss babaspenót
- 1 csésze reszelt sárgarépa
- 2 nagy kemény tojás, szeletelve
- 2 szilvás paradicsom szeletekre vágva

UTASÍTÁS:

a) Főzzük a hagymát és a garnélarákot a salátaöntettel egy nagy serpenyőben közepes lángon, hogy átmelegedjenek, vagy 5-6 percig.

b) Helyezzen egyenlő mennyiségű spenótot 4 adagra. Tegye a tetejére a paradicsomot, a tojást, a sárgarépát és a garnélarák keverékét. Azonnal tálaljuk.

52.Garnélarák szufla

ÖSSZETEVŐK:

- ½ font Főtt garnélarák
- 3 szelet Friss gyömbér gyökér
- 1 evőkanál Sherry
- 1 teáskanál Szója szósz
- 6 Tojásfehérje
- ½ teáskanál Só
- 4 evőkanál Olaj
- 1 kötőjel Bors

UTASÍTÁS:

a) A főtt garnélarákot és a darált gyömbérgyökeret felkockázzuk; majd összekeverjük sherryvel és szójaszósszal.

b) A tojásfehérjét a sóval habosra és keményre verjük, de ne szárazra. Hajtsa bele a garnélarákos keveréket.

c) Az olajat füstölésig hevítjük. Adjuk hozzá a garnélarákos-tojásos keveréket, és főzzük közepesen magas lángon, folyamatos keverés mellett, amíg a tojás meg nem dermed (3-4 perc).

53. Ceviche Peruano

ÖSSZETEVŐK:

- 2 közepes burgonya
- 2 db édesburgonya
- 1 vöröshagyma, vékony csíkokra vágva
- 1 csésze friss limelé
- 1/2 szár zeller, szeletelve
- 1/4 csésze enyhén csomagolt korianderlevél
- 1 csipet őrölt kömény
- 1 gerezd fokhagyma, felaprítva
- 1 habanero paprika
- 1 csipet só és frissen őrölt bors
- 1 kiló friss tilápia, 1/2 hüvelykesre vágva
- 1 kiló közepes garnélarák - hámozott,

UTASÍTÁS:

a) A burgonyát és az édesburgonyát tegyük egy serpenyőbe, és öntsük fel vízzel. Helyezze a felszeletelt hagymát egy tál meleg vízbe.

b) Keverje össze a zellert, a koriandert és a köményt, és keverje hozzá a fokhagymát és a habanero borsot. Sózzuk, borsozzuk, majd keverjük hozzá a kockára vágott tilápiát és a garnélarákot

c) Tálaláskor a burgonyát meghámozzuk és szeletekre vágjuk. Keverje hozzá a hagymát a halas keverékhez. A tálalótálakat kibéleljük salátalevelekkel. A léből álló ceviche-t kanalazzuk a tálakba, és díszítsük burgonyaszeletekkel.

54. Cheddar fondü paradicsomszósszal

ÖSSZETEVŐK:

- 1 gerezd fokhagyma, félbevágva
- 6 közepes paradicsom kimagozva és felkockázva
- 2/3 csésze száraz fehérbor
- 6 evőkanál. Vaj, kockára vágva
- 1-1/2 teáskanál. Szárított bazsalikom
- Csípős cayenne bors
- 2 csésze reszelt cheddar sajt
- 1 evőkanál. Univerzális liszt
- Kockára vágott francia kenyér és főtt garnélarák

UTASÍTÁS:

a) Dörzsölje meg egy fondü edény alját és oldalát fokhagymagerezddel.
b) Tegye félre, és dobja ki a fokhagymát.
c) Keverje össze a bort, a vajat, a bazsalikomot, a cayenne-t és a paradicsomot egy nagy serpenyőben.
d) Közepes-alacsony lángon forraljuk fel a keveréket, majd csökkentsük a hőt alacsonyra.
e) A sajtot összekeverjük a liszttel.
f) Fokozatosan adjuk hozzá a paradicsomos keverékhez, miközben minden hozzáadás után keverjük, amíg a sajt megolvad.
g) Öntsük a Preparation fondü edénybe és tartsuk melegen.
h) Garnélarákkal és kenyérkockákkal tálaljuk.

55.Fűszeres garnélarák és sajtos mártogatós

ÖSSZETEVŐK:

- 2 szeleteket hozzáadott cukor nélkül szalonna
- 2 közepes sárga hagyma, hámozott és felkockázva
- 2 szegfűszeg fokhagyma, darált
- 1 csésze pattogatott kukorica garnélarák (nem a rántott kedves), főtt
- 1 közepes paradicsom, felkockázva
- 3 csészéket felaprítva Monterey Jack sajt
- 1/4 _ _ teáskanál Franké Forró vörös szósz
- 1/4 _ _ teáskanál Cayenne bors
- 1/4 _ _ teáskanál fekete bors

UTASÍTÁS:

a) szakács a szalonna ban ben a közepes serpenyő felett közepes hőség amíg ropogós, ról ről 5–10 percek. Tart zsír ban ben Pán. Világi a szalonna tovább a papír törülköző nak nek menő. Amikor menő, elmorzsol a szalonna val vel a te ujjait.

b) Hozzáadás a hagyma és fokhagyma nak nek a szalonna csepegés ban ben a serpenyő és megpirítjuk felett közepes-alacsony hőség amíg ők vannak puha és illatos, ról ről 10 percek.

c) Kombájn minden a hozzávalók ban ben a lassú tűzhely; keverjük meg jól. szakács fedett tovább alacsony beállítás 1–2 órák vagy amíg sajt van teljesen olvasztott.

56.Kacsa Gumbo

ÖSSZETEVŐK:
KÉSZLET:
- 3 nagy vagy 4 kicsi kacsa
- 1 gallon víz
- 1 hagyma, negyedelve
- 2 borda zeller
- 2 sárgarépa 2 babérlevél 3 t. só
- 1 t. bors

GOMBÓ:
- ¾c. Liszt
- ¾c. olaj
- 2 gerezd fokhagyma, felaprítva
- 1 csésze finomra vágott hagyma
- ½ c. finomra vágott zeller
- 1c. finomra vágott zöldpaprika
- 1 font okra ¼"-os darabokra vágva
- 2 T. szalonnazsír
- 1 font nyers, hámozott garnélarák
- 1 pont osztriga és likőr
- ¼c. vágott petrezselyem
- 2 c. főtt rizs

UTASÍTÁS:

a) Bőrkacsa; forraljuk vízben hagymával, zellerrel, babérlevéllel, sóval és borssal körülbelül 1 órán át, vagy amíg a kacsahús megpuhul. törzs; lefölözzük az összes zsírt, és tartalékoljunk 3 negyedet a készletből. Ha szükséges, adjunk hozzá csirke- vagy marhahúslevest 3 liter alaplé elkészítéséhez. Távolítsa el a húst a hasított testről és a kisméretű darabokról; vissza a raktárba. Az alaplevet a gumbo elkészítése előtti napon lehet elkészíteni.

GUMBO-HOZ:

b) Nagy holland sütőben liszttel és olajjal sötétbarna roux-t készítünk.

c) Adjunk hozzá fokhagymát, hagymát, zellert és zöldpaprikát; pároljuk az okrát baconzsírban, amíg minden ropogósság el nem tűnik, körülbelül 20 percig; csatorna. Egy fazékban felforrósítjuk az alaplével, és lassan keverjük hozzá a roux-t és a zöldséges keveréket.

d) Adjunk hozzá okra; lefedve pároljuk másfél órát.

e) Adjunk hozzá garnélarákot, osztrigát és likőrüket, és főzzük további 10 percig. Keverjük hozzá a petrezselymet és vegyük le a tűzről.

f) Megfelelő fűszerezéssel és forró, puha rizs fölött tálaljuk.

57.Ananászos kacsa curry

ÖSSZETEVŐK:

- 15 szárított hosszú piros chili
- 1 evőkanál fehér bors
- 2 teáskanál koriandermag
- 1 teáskanál köménymag
- 2 teáskanál garnélarák paszta
- 5 piros ázsiai medvehagyma apróra vágva
- 10 gerezd fokhagyma apróra vágva
- 2 citromfű szár, csak fehér része, finomra szeletelve
- 1 evőkanál apróra vágott galangal
- 2 evőkanál apróra vágott koriander gyökér
- 1 teáskanál finomra reszelt kaffir lime héj
- 1 evőkanál mogyoróolaj
- 8 újhagyma (hagyma), átlósan 3 cm-es (1¼ hüvelyk) hosszúságúra szeletelve
- 2 gerezd fokhagyma, összetörve
- 1 kínai pecsenyekacsa, nagy darabokra vágva
- 400 ml (14 oz) kókusztej
- 450 g (1 font) konzerv ananászdarabok szirupban, lecsepegtetve
- 3 kaffir lime levél
- 3 evőkanál apróra vágott korianderlevél
- 2 evőkanál apróra vágott menta

UTASÍTÁS:

a) Áztassuk a chilit forrásban lévő vízbe 5 percre, vagy amíg megpuhul. Távolítsa el a szárat és a magokat, majd vágja fel.

b) A szemes borsot, a koriandermagot, a köménymagot és a fóliába csomagolt garnélarepét serpenyőben közepes-magas lángon 2-3 percig, vagy amíg illatos lesz, szárazon pirítjuk. Hagyjuk kihűlni.

c) A borsot, a koriandert és a köményt porrá törjük vagy daráljuk.

d) Az apróra vágott chilit, a garnélarákpasztát és az őrölt fűszereket a maradék currypaszta hozzávalóival robotgépbe , vagy mozsártörővel mozsárba tesszük, és simára dolgozzuk vagy dörzsöljük össze.

e) Melegítsünk egy wokat nagyon forróra, adjuk hozzá az olajat, és forgassuk meg, hogy bevonja az oldalát. Adjuk hozzá a hagymát, a fokhagymát és a 2-4 evőkanál vörös curry pasztát, és kevergetve pirítsuk 1 percig, vagy amíg illatos lesz.

f) Adjuk hozzá a sült kacsadarabokat, a kókusztejet, a lecsepegtetett ananászdarabokat, a kaffir lime leveleket, valamint a koriander és a menta felét. Forraljuk fel, majd mérsékeljük a lángot, és főzzük 10 percig, vagy amíg a kacsa átmelegszik és a szósz kissé besűrűsödik.

g) Hozzákeverjük a maradék koriandert és mentát, és tálaljuk.

58. BBQ kacsa curry licsivel

ÖSSZETEVŐK:

- 1 teáskanál fehér bors
- 1 teáskanál garnéla paszta
- 3 hosszú piros chili, magozott
- 1 vöröshagyma, durvára vágva
- 2 gerezd fokhagyma
- 2 citromfű szár, csak fehér része, vékonyra szeletelve
- 5 cm-es (2 hüvelykes) darab gyömbér
- 3 koriander gyökér
- 5 kaffir lime levél
- 2 evőkanál olaj
- 2 teáskanál őrölt koriander
- 1 teáskanál őrölt kömény
- 1 teáskanál paprika
- 1 teáskanál őrölt kurkuma
- 1 kínai barbecue kacsa
- 400 ml (14 oz) kókuszkrém
- 1 evőkanál borotvált pálmacukor (jaggery)
- 2 evőkanál halszósz
- 1 vastag szelet galangal
- 240 g (8½ oz) konzerv szalmagomba, lecsepegtetve
- 400 g (14 uncia) konzerv licsi, félbe vágva
- 250 g (9 uncia) koktélparadicsom
- 1 marék thai bazsalikom apróra vágva
- 1 marék korianderlevél

UTASÍTÁS:
a) A szemes borsot és a fóliába csomagolt garnélarepét serpenyőben közepes-magas lángon szárazon pirítjuk 2-3 percig, vagy amíg illatos lesz. Hagyjuk kihűlni.
b) Mozsártörővel vagy fűszerdarálóval törjük össze vagy őröljük porrá a borsot.
c) A darált borsot és a garnélarákot a maradék currypaszta hozzávalóival aprítógépbe, vagy mozsártörővel mozsárba tesszük, és simára dolgozzuk vagy dörzsöljük össze.
d) A kacsahúst kivesszük a csontokról, és falatnyi darabokra vágjuk. Tedd a tepsi tetejéről a sűrű kókuszkrémet egy serpenyőbe, közepes lángon, időnként megkeverve forrald fel gyorsan, és főzd 5-10 percig, vagy amíg a keverék "hasad" (az olaj el nem kezd elválni).
e) Adjuk hozzá a curry paszta felét, a pálmacukrot és a halszószt, és keverjük addig, amíg a pálmacukor fel nem oldódik.
f) Adjuk hozzá a kacsát, a galangalot, a szalmagombát, a licsit, a fenntartott licsiszirupot és a maradék kókuszkrémet. Forraljuk fel, majd lassú tűzön főzzük 15-20 percig, vagy amíg a kacsa megpuhul.
g) Adjuk hozzá a koktélparadicsomot, a bazsalikomot és a koriandert. Ízlés szerint fűszerezzük. Tálaljuk, amikor a koktélparadicsom kissé megpuhult.

59.Grillezett kagyló ceviche

ÖSSZETEVŐK:
- ¾ font Közepes garnélarák, héjas és kidolgozott
- ¾ font Tengeri kagyló
- ¾ font lazacfilé
- 1 csésze kockára vágott paradicsom (1/2 hüvelykes kocka)
- 1 csésze kockára vágott mangó (1/2 hüvelykes kocka)
- 2 grépfrút, meghámozva és szeletekre vágva
- 3 narancs, meghámozva és szeletekre vágva
- 4 lime, meghámozva és szeletekre vágva
- ½ csésze kockára vágott vöröshagyma (1/2 hüvelykes kocka)
- 2 Jalapeno, darálva
- 4 csésze friss limelé
- 1 csésze apróra vágott koriander
- 2 evőkanál cukor
- Só és őrölt bors

UTASÍTÁS:
a) Egy nagy, nem reagáló tálban keverje össze a kagylót, a lazacot, a garnélarákot, a paradicsomot, a mangót, a hagymát, a jalapenót és a lime levét.
b) Pácoljuk, hűtjük, 3 órán át.
c) Vegyük ki a pácból, és grillezzük a halat és a kagylókat, csak annyi ideig, hogy 30-60 másodpercig megjelenjenek a grillnyomok.
d) Vágja fel az összes halat ½ hüvelykes kockákra.
e) Közvetlenül tálalás előtt csepegtesse le a gyümölcsből a lehető legtöbb lime levét, adjon hozzá koriandert, cukrot, kagylót és lazacot. Óvatosan keverjük össze, ügyelve arra, hogy a gyümölcs és a hal ne törjön össze.

60.Cukkinis tavaszi tekercs tálkák

ÖSSZETEVŐK:

- 3 evőkanál krémes mogyoróvaj
- 2 evőkanál frissen facsart limelé
- 1 evőkanál csökkentett nátriumtartalmú szójaszósz
- 2 teáskanál sötétbarna cukor
- 2 teáskanál sambal oelek (őrölt friss chile paszta)
- 1 kilós közepes garnélarák, meghámozva és kivágva
- 4 közepes cukkini, spirálozva
- 2 nagy sárgarépa, meghámozva és lereszelve
- 2 csésze aprított lila káposzta
- ⅓ csésze friss korianderlevél
- ⅓ csésze bazsalikomlevél
- ¼ csésze mentalevél
- ¼ csésze apróra vágott pörkölt földimogyoró

UTASÍTÁS:

a) A MOGYÓSZÓSZHOZ: Keverje össze a mogyoróvajat, a lime levét, a szójaszószt, a barna cukrot, a sambal oeleket és 2-3 evőkanál vizet egy kis tálban. Hűtőbe tesszük legfeljebb 3 napig, tálalásig.

b) Egy nagy fazék forrásban lévő sós vízben főzzük a garnélarákot rózsaszínűre, körülbelül 3 perc alatt. Lecsöpögtetjük, és egy tál jeges vízben kihűtjük. Jól lecsepegtetjük.

c) Osszuk el a cukkinit az ételkészítő edényekbe. A tetejére garnélarák, sárgarépa, káposzta, koriander, bazsalikom, menta és földimogyoró kerül. Hűtőben lefedve 3-4 napig eláll. A fűszeres mogyorószósszal tálaljuk.

61.Quinoa és garnélarák saláta

ÖSSZETEVŐK:
- 1 csésze quinoa , főtt
- ½ font garnélarák; főtt; 1/2 hüvelykes kockákban
- ½ csésze friss koriander; finomra vágott
- ¼ csésze friss metélőhagyma vagy zöldhagyma
- 1 db Jalapeno paprika; darált
- 1 gerezd fokhagyma; darált
- 1 teáskanál Só
- ½ teáskanál Fekete bors
- 3 evőkanál lime lé
- 1 evőkanál méz
- 1 evőkanál szójaszósz
- 2 evőkanál olívaolaj

UTASÍTÁS:
b) Az öntethez keverjük össze a jalapenót, a fokhagymát, a sót, a borsot, a lime levét, a mézet, a szójaszószt és az olívaolajat. Óvatosan összeforgatjuk quinoával.
c) Ízlés szerint fűszerezzük.

62.Másnapos garnélarák

ÖSSZETEVŐK:

- 32 uncia V-8 lé
- 1 doboz Sör
- 3 Jalapeño paprika (vagy habaneros)
- 1 nagy Hagyma; apróra vágva
- 1 teáskanál Só
- 2 Gerezd fokhagyma; apróra vágva
- 3 font s Garnélarák; hámozott és kidolgozott

UTASÍTÁS:

a) Az összes hozzávalót, a garnélarák kivételével, egy nagy edénybe tesszük, és felforraljuk.
b) Adjuk hozzá a garnélarákot, és vegyük le a tűzről. Hagyja állni körülbelül 20 percig. Lecsepegtetjük és lehűtjük a garnélarákot.
c) Formázta és tördelte: Carriej999@...

63.Kerekes ráktekercs

ÖSSZETEVŐK:

- 5 nagy tojás
- 1 evőkanál salátaolaj
- 1 font nyers garnélarák; hámozott, kiagyalt
- 2 teáskanál Só
- ⅓ csésze finomra szárított zsemlemorzsa
- 1 teáskanál finomra aprított friss gyömbér
- 1 tojásfehérje
- ⅛ teáskanál csípős paprikapor
- ¼ teáskanál fehér bors
- 2 evőkanál vermut
- ¼ csésze csirke vagy halalaplé
- 2 evőkanál finomra vágott mogyoróhagyma; csak fehér része
- ½ piros édes paprika vagy pimiento kockára vágva
- 1 kis sárgarépa; felaprítva
- 8 hóborsó; felkockázva
- ¼ csésze osztriga szósz
- ¼ csésze csirke alaplé
- 1 evőkanál szójaszósz
- 1 evőkanál Tabasco szósz
- 1 teáskanál őrölt friss gyömbér

UTASÍTÁS:
a) Az 5 tojást jól felverjük. Egy teflonnal bélelt serpenyőt kenjünk meg a salátaolaj felével.
b) Melegítsük fel a serpenyőt, és öntsük bele a tojás felét, és forgassuk meg a serpenyőt, hogy a tojások ellepjék a serpenyő alját.
c) A tojásos palacsintát megfőzzük. Kivesszük a tepsiből és hagyjuk kihűlni. Ismétlés.
d) Dörzsölje be a garnélarákot 1 tk. sózzuk és alaposan mossuk le hideg folyó víz alatt. Csepegtesse le a garnélát és szárítsa meg.
e) A garnélarákot az élelmiszer-feldolgozó be-/kikapcsolásával darálja fel, és tegye át egy nagy keverőtálba.
f) Keverje hozzá a maradék sót, a zsemlemorzsát: gyömbért, tojásfehérjét, borsot, vermutot, csirke- vagy halalaplét és mogyoróhagymát. Erősen keverjük, amíg a keverék el nem keveredik.
g) Adjunk hozzá kockára vágott hóborsót és édes pirospaprikát vagy pimiento-t.
h) Egy tojásos palacsintára kenjük a ½ garnélarákkeveréket, a tetejére a felaprított sárgarépa felével, és feltekerjük. Ismételje meg a másik palacsintával.
i) Helyezze a garnéláraktekercseket a tányérra egy párolóba, és párolja 10 percig. Osztrigaszósszal tálaljuk. Osztriga

SZÓSZ:
j) Keverjük össze, melegítsük fel egy serpenyőben, és melegen tálaljuk garnélarákokkal.

64. Tészta sajtos pesto garnélával és gombával

ÖSSZETEVŐK:

- 1 (16 oz.) csomag linguine tészta
- 1 csésze elkészített bazsalikom pesto
- 2 evőkanál olívaolaj
- 1 lb főtt garnélarák, meghámozva és kifőzve
- 1 kisebb hagyma, apróra vágva
- 20 gomba, apróra vágva
- 8 gerezd fokhagyma, szeletelve
- 3 roma (szilva) paradicsom kockára vágva
- 1/2 csésze vaj
- 2 evőkanál univerzális liszt
- 2 csésze tej
- 1 csipet só
- 1 csipet bors
- 1 1/2 csésze reszelt Romano sajt

UTASÍTÁS:

a) Egy nagy serpenyőben enyhén sós forrásban lévő vízbe öntjük a tésztát, és körülbelül 8-10 percig főzzük, vagy a kívánt készre főzzük, majd jól leszűrjük, és félretesszük.

b) Egy nagy serpenyőben közepes lángon olajat hevítünk, és 4-5 percig pároljuk benne a hagymát.

c) Adjuk hozzá a vajat és a fokhagymát, és pirítsuk körülbelül 1 percig.

d) Közben egy tálban keverjük össze a tejet és a lisztet, majd öntsük egy serpenyőbe, folyamatos keverés mellett.

e) Hozzákeverjük a sót és a fekete borsot, és kevergetve kb. 4 percig főzzük.

f) Folyamatos kevergetés mellett hozzáadjuk a sajtot, amíg teljesen elolvad.

g) Keverje hozzá a pestót és a garnélarákot, a paradicsomot és a gombát, és főzze körülbelül 4 percig, vagy amíg teljesen fel nem melegszik.

h) Hozzáadjuk a tésztát, és bevonjuk, és azonnal tálaljuk.

65.Sajtos pesto garnélarák tésztával

ÖSSZETEVŐK:

- 1 font linguine tészta
- 1/3 csésze pesto
- 1/2 csésze vaj
- 1 lb. nagy garnélarák, meghámozva és kivágva
- 2 csésze nehéz tejszín
- 1/2 teáskanál őrölt fekete bors
- 1 csésze reszelt parmezán sajt

UTASÍTÁS:

a) Egy nagy serpenyőben enyhén sós forrásban lévő vízbe öntjük a tésztát, és körülbelül 8-10 percig főzzük, vagy a kívánt készre főzzük, majd jól leszűrjük, és félretesszük.

b) Közben egy nagy serpenyőben közepes lángon olvasszuk fel a vajat. Hozzáadjuk a tejszínt és a fekete borsot, és folyamatos kevergetés mellett kb. 6-8 percig főzzük.

c) Adjuk hozzá a sajtot és keverjük jól össze. Hozzákeverjük a pestót, és folyamatos kevergetés mellett kb 3-5 percig főzzük.

d) Adjuk hozzá a garnélarákot, és főzzük körülbelül 3-5 percig. Forrón tálaljuk tésztával.

RÁK

66.Rákos muffin

ÖSSZETEVŐK:
- ½ font rákhús (7 oz. doboz)
- 1 Rúd margarint
- 1 üveg régi angol sajt
- ½ teáskanál fokhagymás só
- 2 evőkanál majonéz
- ½ teáskanál Fűszersó
- 6 angol muffin

UTASÍTÁS:
a) A muffin kivételével mindent összekeverünk. Muffinokra kenjük. A muffinokat negyedekre vágjuk.
b) Fagyassza le a sütilapon. Zsákba tesszük és fagyasztóban tároljuk, amíg szükséges. Megsütjük és tálaljuk.

67. Rák torták

ÖSSZETEVŐK:

- 3 nagy tojás, felvert
- 1½ csésze sovány tej
- ¾ csésze svájci sajt, reszelve
- 2 evőkanál krémsajt, lágyítva
- 1 evőkanál hagyma, darált
- ¼ csésze petrezselyem, apróra vágva
- ½ csésze sárgarépa, felaprítva
- 1 kiló Normál rákhús
- ½ teáskanál szerecsendió
- ¼ teáskanál fehér bors
- 1 csipet só
- tészta 2 héjas pite számára

UTASÍTÁS:

a) A tésztát vékonyra nyújtjuk, és pogácsaszaggatóval 2" átmérőjű körökre vágjuk. A tésztaköröket enyhén olajozott tortahéjakba nyomkodjuk. Villával megszurkáljuk a tésztát.
b) 5-7 percig sütjük 450 fokon. Vegye ki a sütőből. Félretesz, mellőz.
c) Keverjük össze a többi hozzávalót, és kanalazzuk torta héjakba, ½ hüvelykkel töltve a héj tetejére
d) Süssük 25 percig 375 fokon, vagy amíg a beszúrt fogpiszkáló tisztán ki nem jön.

68.Tenger gyümölcsei mártogatós

ÖSSZETEVŐK:

- 1 csésze pelyhes rákhús
- ½ csésze Cheddar sajt – aprítva
- ¼ csésze krémsajt – lágyított
- ¼ csésze majonéz
- ¼ csésze tejföl
- ¼ csésze parmezán sajt - reszelve
- ¼ csésze zöldhagyma - szeletelve
- 1 teáskanál citromlé
- ¼ teáskanál Worcestershire szósz
- ⅛ teáskanál fokhagymapor
- ¼ csésze zsemlemorzsa

UTASÍTÁS:

a) Egy tálban keverjük simára az első 10 hozzávalót. Egy 9 hüvelykes piteformába terítjük.

b) Megszórjuk zsemlemorzsával. Süssük lefedve 350 F fokon 20 percig, vagy amíg buborékos nem lesz

c) Fedjük le és süssük még 5 percig. Kekszekkel vagy nyers zöldségekkel tálaljuk.

KAGYLÓ

69.Osztriga krokett

ÖSSZETEVŐK:
- ¼ csésze vaj
- ¼ csésze univerzális liszt
- 1 csésze tej
- Só
- Frissen őrölt bors
- 3 evőkanál vaj
- 4 Darált mogyoróhagyma
- 1 kiló darált gomba
- 24 Shucked & tapted száraz osztriga
- (sütéshez) növényi olaj
- 3 tojás
- Univerzális liszt
- 4 csésze friss zsemlemorzsa
- Vízitorma
- Szeletek citrom

UTASÍTÁS:

a) Olvasszon fel ¼ csésze vajat közepes erősségű serpenyőben alacsony lángon.
b) Keverjünk hozzá ¼ csésze lisztet, és keverjük 3 percig. Felverjük a tejjel és felforraljuk. Csökkentse a hőt, és időnként megkeverve párolja 5 percig. Sózzuk, borsozzuk.
c) Olvasszon fel 3 evőkanál vajat egy erős, közepes serpenyőben közepes-alacsony lángon. Adjunk hozzá medvehagymát, és főzzük, amíg megpuhul, időnként megkeverve, körülbelül 5 percig. Adjuk hozzá a gombát, növeljük a hőt, és főzzük, amíg az összes folyadék elpárolog, időnként megkeverve körülbelül 10 percig. Sózzuk, borsozzuk. A gombás keveréket a szószba keverjük. Menő.
d) Melegítse fel a serpenyőt közepesen magas lángon. Adjunk hozzá osztrigát, és forraljuk 2 percig. Menő.
e) Melegítsük fel az olajat 425 fokra. olajsütőben vagy nehéz nagy serpenyőben. Verjük fel a tojásokat 1 evőkanál növényi olajjal. Csomagoljon szószt minden osztriga köré, szivarformát formálva. Beleforgatjuk a lisztbe, lerázzuk a felesleget.
f) Mártsuk a tojásos keverékbe. Zsemlemorzsába forgatjuk. Részletekben sütjük aranybarnára, körülbelül 4 perc alatt. Szúrókanállal kiszedjük és papírtörlőn lecsepegtetjük.
g) Rendezzük a kroketteket egy tálra. Vízitormával és citrommal díszítjük.

70.Osztriga és paradicsomos bruschetta

ÖSSZETEVŐK:
- 1 francia bagett szeletelve és pirítva
- 2 csésze koktélparadicsom félbevágva
- 16 friss osztriga, buggyantott vagy grillezett
- Balzsames máz a csepegtetéshez
- Friss bazsalikomlevél a díszítéshez

UTASÍTÁS:
a) Egy tálban keverjük össze a koktélparadicsomot sóval és borssal.

b) Helyezzen buggyantott vagy grillezett osztrigát minden pirított bagett szelet tetejére.

c) A fűszerezett paradicsomot kanalazzuk az osztrigára.

d) Megkenjük balzsammázzal, és friss bazsalikomlevéllel díszítjük.

e) Finom bruschettaként tálaljuk.

71.Oyster Sushi Tekercs

ÖSSZETEVŐK:
- 4 lap nori (hínár)
- 2 csésze sushi rizs főzve és fűszerezve
- 16 db friss osztriga, szeletelve
- 1 uborka, zsugorított
- Szójaszósz mártáshoz
- Ecetes gyömbér a tálaláshoz

UTASÍTÁS:
a) Helyezzen egy nori lapot egy bambusz sushi szőnyegre.
b) Kenjünk egy vékony réteg sushi rizst a norira.
c) A rizsre helyezzük a friss osztriga szeleteket és az uborkát.
d) A sushit szorosan feltekerjük, és falatnyi darabokra szeleteljük.
e) Szójaszósszal és ecetes gyömbérrel tálaljuk.

72.Osztriga és kéksajt Crostini

ÖSSZETEVŐK:

- Baguette szelet, pirított
- 16 friss osztriga, enyhén buggyantott vagy grillezett
- 1/2 csésze kéksajt, morzsolva
- Méz a szitáláshoz
- Díszítésnek darált dió

UTASÍTÁS:

a) Helyezze az enyhén buggyantott vagy grillezett osztrigát a pirított bagett szeletekre.
b) Szórjuk meg morzsolt kéksajttal az osztrigát.
c) Meglocsoljuk mézzel.
d) Díszítsük apróra vágott dióval.
e) Elegáns reggeli crostiniként tálaljuk.

73.Cajun sült garnélarák és osztriga

ÖSSZETEVŐK:
- 1 font frissen nyírt osztriga
- 1 font jumbo nyers garnélarák, meghámozva és kifőzve
- 2 tojás külön-külön enyhén felverve
- ¾ csésze univerzális liszt
- ½ csésze sárga kukoricadara
- 2 teáskanál Cajun fűszerezés
- ½ teáskanál citrombors

2 csésze növényi olaj, rántáshoz

UTASÍTÁS:
a) Helyezze az osztrigát egy közepes tálba, a garnélarákot pedig egy külön tálba.

b) A tojásokat rákenjük a garnélarákra és az osztrigára (tálonként 1 tojás), és ügyeljünk arra, hogy minden szépen be legyen vonva. Állítsa oldalra a tálakat.

c) Egy nagy cipzáras fagyasztózacskóban adjuk hozzá a lisztet, a kukoricalisztet, a Cajun fűszereket és a citromborsot. Rázza fel a zacskót, hogy megbizonyosodjon arról, hogy minden jól összekeveredett.

d) Adja hozzá a garnélarákot a zacskóhoz, és rázza fel, hogy bevonja, majd távolítsa el a garnélarákot, és helyezze őket egy sütőlapra. Most adja hozzá az osztrigát a zacskóba, és ismételje meg a folyamatot.

e) Egy olajsütőben vagy serpenyőben melegítse fel a növényi olajat körülbelül 350-360 F-ra. Süsse a garnélarákot, amíg aranybarna nem lesz, körülbelül 3-4 percig. Ezután süssük aranybarnára az osztrigát, körülbelül 5 perc alatt.

f) Helyezze a tenger gyümölcseit egy papírtörlővel bélelt tányérra, hogy felszívja a felesleges olaj egy részét. Tálaljuk kedvenc mártogatós szósszal.

74.Sült osztriga

ÖSSZETEVŐK:

- 1 pint feltört osztriga, lecsepegtetve
- 1/2 csésze univerzális liszt
- 1/2 teáskanál só
- 1/4 teáskanál fekete bors
- 1/4 teáskanál cayenne bors
- 2 tojás, felvert
- 1 csésze zsemlemorzsa
- Növényi olaj, sütéshez

UTASÍTÁS:

a) Egy sekély edényben keverjük össze a lisztet, a sót, a fekete borsot és a cayenne borsot.
b) Egy másik lapos edényben felverjük a tojásokat.
c) Egy harmadik sekély edénybe tegyük a zsemlemorzsát.
d) Minden osztrigát először a lisztes keverékbe, majd a felvert tojásba, végül a zsemlemorzsába mártjuk, a felesleget lerázva.
e) Melegítsük fel a növényi olajat egy nagy serpenyőben közepesen magas lángon.
f) Az osztrigát adagonként, oldalanként körülbelül 2-3 percig sütjük, vagy amíg aranybarna és ropogós nem lesz.
g) A megsült osztrigát papírtörlővel bélelt tányéron lecsepegtetjük.
h) Forrón, citromkarikákkal és tartármártással tálaljuk.

75.Osztriga és habanero ceviche

ÖSSZETEVŐK:

- 8 Shucked friss osztriga
- 1 evőkanál apróra vágott koriander
- 1 evőkanál finomra vágott paradicsom
- ¼ teáskanál Habanero püré
- ½ narancs; fölényes
- ¼ csésze frissen facsart narancslé
- 1 evőkanál frissen facsart citromlé
- Só, bors

UTASÍTÁS:

a) Keverje össze az összes hozzávalót egy tálban.
b) Sózzuk, borsozzuk.
c) Az osztrigahéj felében tálaljuk.

76.Szalonna-osztriga falatok

ÖSSZETEVŐK:

- 8 szelet Szalonna
- ½ csésze Fűszeres fűszeres töltelék
- 1 doboz (5 uncia) osztriga; apróra vágva
- ¼ csésze Víz

UTASÍTÁS:

a) Melegítsük elő a sütőt 350°-ra. A baconszeleteket félbevágjuk, és kissé megpirítjuk. NE SÜTSE TÚL.
b) A szalonnának elég puhának kell lennie ahhoz, hogy könnyen guruljon a golyók köré. Keverjük össze a tölteléket, az osztrigát és a vizet.
c) Forgasd falatnyi golyókat, körülbelül 16-ot.
d) Tekerd be a golyókat baconba. 350°-on 25 percig sütjük. Melegen tálaljuk.

77.Osztriga és kaviár

ÖSSZETEVŐK:

- 2 font tengeri moszat
- 18 Osztriga, a félhéjon
- 2 mogyoróhagyma
- 2 uncia fekete kaviár
- 2 citrom

UTASÍTÁS:

a) Egy lapos kosárba terítsd a hínárt. Rendezzük el a kihűlt osztrigát héjukban, a hínáron. A mogyoróhagymát vékonyan karikákra szeleteljük.

b) Szórj 2 vagy 3 darabot minden osztrigára. Mindegyik tetejére tegyen egy csepp kaviárt. Nagyon hidegen tálaljuk, friss, vékonyra szeletelt citromkarikákkal. Adjon jól hűtött pezsgőt.

78.Oyster Tavaszi Tekercs

ÖSSZETEVŐK:

- 3 nagy rugós tekercs csomagolás
- 6 vízi gesztenye, finomra vágva
- 1 szelet gyömbér, finomra vágva
- 3 újhagyma apróra vágva (beleértve a zöld tetejét is)
- Néhány csepp szezámolaj
- 1 teáskanál világos szójaszósz
- 24 osztriga, kicsúszott a héjából
- Növényi olaj

UTASÍTÁS:

a) Vágjon minden rugótekercs-csomagolást negyedekre.
b) Egy keverőtálban keverjük össze a finomra vágott vizes gesztenyét, a gyömbért és az újhagymát. Adjunk hozzá néhány csepp szezámolajat és a világos szójaszószt. Jól összekeverni.
c) Óvatosan hajtsa bele az osztrigát, ügyelve arra, hogy jól bevonják a fűszerekkel.
d) Osszuk el egyenletesen az osztriga keveréket a tavaszi tekercs négyzetei között.
e) Óvatosan tekerje fel minden rugótekercset, majd hajtsa be az oldalát, hogy a tölteléket körülvegye. Kenje meg vízzel a csomagolások széleit, hogy lezárja őket.
f) Egy mély serpenyőben vagy edényben melegítsen fel sok növényi olajat a sütéshez.
g) A tavaszi tekercseket a forró olajban 2-3 percig sütjük, vagy amíg aranybarnák és ropogós nem lesznek.
h) Vegyük ki a rugótekercseket az olajból, és összegyűrt konyhai papíron csepegtessük le, hogy eltávolítsuk a felesleges olajat.
i) Az osztriga tavaszi tekercseket azonnal tálaljuk.
j) Élvezze a finom Oyster Tavaszi Tekercs-t!

79.Tempurában sült osztriga

ÖSSZETEVŐK:
- 12 db friss osztriga
- Növényi olaj, sütéshez
- 1 csésze univerzális liszt
- ½ csésze kukoricakeményítő
- ½ teáskanál só
- 1 csésze jéghideg víz
- Szójaszósz vagy tartárszósz, tálaláshoz
- Választható feltétek: szezámmag, zöldhagyma vagy citromkarikákkal

UTASÍTÁS:

a) Kezdje azzal, hogy az osztrigákat fel kell húzni, és ki kell venni a héjából. Ügyeljen arra, hogy a kinyílt vagy nem frissnek látszó osztrigát dobja ki.

b) Öblítse le a feldarabolt osztrigát hideg víz alatt, és törölje szárazra papírtörlővel. Tedd félre őket.

c) Melegítse fel a növényi olajat egy olajsütőben vagy egy nagy fazékban körülbelül 175 °C-ra.

d) Egy keverőtálban keverje össze az univerzális lisztet, a kukoricakeményítőt és a sót. Fokozatosan, óvatosan keverjük hozzá a jéghideg vizet, amíg sima tésztát nem kapunk. Ügyeljen arra, hogy ne keverje túl; nem baj, ha van néhány csomó.

e) Mártson minden osztrigát a masszába, ügyelve arra, hogy egyenletesen legyen bevonva. Hagyja, hogy a felesleges tészta lecsepegjen, mielőtt óvatosan a forró olajba helyezi az osztrigát.

f) Az osztrigát adagokban sütjük, ügyelve arra, hogy ne zsúfoljuk túl a sütőt vagy az edényt. Körülbelül 2-3 percig sütjük, vagy amíg a tempura tészta aranybarnára és ropogósra nem válik.

g) Ha az osztrigák megsültek, lyukas kanállal vagy fogóval távolítsuk el őket az olajból, és tegyük át egy papírtörlővel bélelt tányérra. Ez segít felszívni a felesleges olajat.

h) Ismételje meg a folyamatot a maradék osztrigával, amíg minden meg nem fő.

i) A tempurában sült osztrigát forrón tálaljuk előételként vagy főételként.

j) Fogyaszthatod úgy, ahogy vannak, vagy szójaszósszal vagy mártogatós tartármártással tálalhatod.

k) Szórj a tetejére szezámmagot vagy zöldhagymát az íz és a díszítés érdekében. Oldalra citromkarikákat is tálalhatunk a citrusos ütés érdekében.

80.Klasszikus osztriga Rockefeller

ÖSSZETEVŐK:

- 24 db friss osztriga, összetörve
- 1/2 csésze vaj
- 1/2 csésze zsemlemorzsa
- 1/2 csésze reszelt parmezán sajt
- 1/4 csésze apróra vágott petrezselyem
- 2 gerezd fokhagyma, felaprítva
- 1 evőkanál citromlé
- Só és bors ízlés szerint

UTASÍTÁS:

a) Melegítsd elő a sütőt 230°C-ra (450°F).
b) Egy serpenyőben olvasszuk fel a vajat és pároljuk illatosra a fokhagymát.
c) Adjunk hozzá zsemlemorzsát, parmezánt, petrezselymet, citromlevet, sózzuk és borsozzuk a serpenyőbe. Jól összekeverni.
d) Helyezze a feldarabolt osztrigát egy sütőlapra.
e) Minden osztrigát tegyünk zsemlemorzsa keverékkel.
f) 10-12 percig sütjük, vagy amíg a teteje aranybarna nem lesz.
g) Forrón tálaljuk.

81.Oyster Lövészek

ÖSSZETEVŐK:

- 12 db friss osztriga, összetörve
- 1 csésze paradicsomlé
- 1/4 csésze vodka
- 1 evőkanál forró szósz
- 1 evőkanál torma
- Citromszeletek a díszítéshez

UTASÍTÁS:

a) Egy tálban keverjük össze a paradicsomlevet, a vodkát, a csípős szószt és a tormát.
b) Helyezzen egy ledarált osztrigát egy sörétes pohárba.
c) Öntsük a paradicsomlé keveréket az osztrigára.
d) Díszítsük citromkarikával.
e) Hűtve tálaljuk.

82.Osztriga és szalonnás előételek

ÖSSZETEVŐK:

- 16 db friss osztriga, összetörve
- 8 szelet bacon, félbevágva
- Fogpiszkáló

UTASÍTÁS:

a) Melegítsd elő a sütőt 200°C-ra (400°F).
b) Tekerje be minden kivágott osztrigát egy fél szelet szalonnával, és rögzítse fogpiszkálóval.
c) A szalonnába csomagolt osztrigát tepsire tesszük.
d) 12-15 percig sütjük, vagy amíg a bacon ropogós nem lesz.
e) Forrón tálaljuk finom, szalonnába csomagolt osztriga előételként.

83.Fűszeres osztriga mártogatós

ÖSSZETEVŐK:

- 1 csésze majonéz
- 1/4 csésze forró szósz
- 1 evőkanál citromlé
- 1 teáskanál Worcestershire szósz
- 16 friss osztriga, feldarabolva és feldarabolva
- 1/4 csésze zöldhagyma, apróra vágva
- Tortilla chips vagy keksz a tálaláshoz

UTASÍTÁS:

a) Egy tálban keverjük össze a majonézt, a csípős szószt, a citromlevet és a Worcestershire szószt.

b) Hozzákeverjük az apróra vágott osztrigát és a zöldhagymát.

c) Hűtőbe tesszük legalább 30 percre, hogy az ízek összeérjenek.

d) A fűszeres osztrigamártást tortilla chipsekkel vagy kekszekkel tálaljuk.

84.Osztriga és uborkás szendvicsek

ÖSSZETEVŐK:

- 16 db friss osztriga, összetörve
- 1 uborka, vékonyra szeletelve
- Krémsajt
- Díszítésnek kapros gallyak
- Citromhéj

UTASÍTÁS:

a) Minden uborkaszeletet megkenünk krémsajttal.
b) A krémsajt tetejére tegyünk egy ledarált osztrigát.
c) Díszítsük kaporgal és egy csipetnyi citromhéjjal.
d) Frissítő szendvicsként tálaljuk.

85. Osztriga és mangó salsa tostadas

ÖSSZETEVŐK:

- 16 db friss osztriga, összetörve
- 8 kis tostada kagyló
- 1 csésze mangó, kockára vágva
- 1/2 csésze vöröshagyma, apróra vágva
- 1/4 csésze koriander, apróra vágva
- Lime szeletek a díszítéshez

UTASÍTÁS:

a) Helyezzen ledarált osztrigát minden tostada-héjra.
b) Egy tálban keverjük össze a felkockázott mangót, a lilahagymát és a koriandert.
c) A mangósalsát kanalazzuk az osztrigára.
d) Lime szeletekkel díszítjük.
e) Élénk tostada előételként tálaljuk.

86.Osztriga és Pesto Crostini

ÖSSZETEVŐK:

- Baguette szelet, pirított
- 16 db friss osztriga, összetörve
- Pesto szósz
- Cseresznye paradicsom, félbevágva
- Balzsames máz a csepegtetéshez

UTASÍTÁS:

a) Minden pirított bagettszeletet megkenünk egy réteg pesto szósszal.
b) A pesto tetejére tegyünk egy összetört osztrigát.
c) Félbevágott koktélparadicsommal díszítjük.
d) Balzsammázzal megkenjük.
e) Ízletes pesto crostiniként tálaljuk.

87.Osztriga és szalonna Jalapeño Poppers

ÖSSZETEVŐK:
- 16 db friss osztriga, összetörve
- 8 jalapeño paprika, félbevágva és kimagozva
- Krémsajt
- 8 szelet bacon, félbevágva
- Fogpiszkáló

UTASÍTÁS:
a) Melegítsük elő a sütőt 190 °C-ra (375 °F).
b) Kenje meg a krémsajtot minden jalapeño felébe.
c) A krémsajtra tegyünk egy reszelt osztrigát.
d) Minden jalapeñót csomagoljon be egy fél szelet szalonnával, és rögzítse fogpiszkálóval.
e) 20-25 percig sütjük, vagy amíg a bacon ropogós nem lesz.
f) Forrón tálaljuk fűszeres osztriga jalapeño popperként.

88. Osztriga és mangó guacamole

ÖSSZETEVŐK:

- 16 friss osztriga, feldarabolva és felkockázva
- 2 érett avokádó, pépesítve
- 1 mangó kockára vágva
- 1/4 csésze vöröshagyma, apróra vágva
- 1/4 csésze koriander, apróra vágva
- Zöld-citrom lé
- Tortilla chips a tálaláshoz

UTASÍTÁS:

a) Egy tálban keverje össze a felkockázott osztrigát, a tört avokádót, a kockára vágott mangót, a lilahagymát és a koriandert.

b) Csavarjuk a lime levét a keverékre, és jól keverjük össze.

c) Az osztriga és mangó guacamole-t tortilla chipsekkel tálaljuk.

89.Osztriga és kecskesajttal töltött gomba

ÖSSZETEVŐK:

- 16 db friss osztriga, összetörve
- 16 nagy gomba, megtisztítva és szárát eltávolítva
- 4 uncia kecskesajt
- 2 evőkanál zsemlemorzsa
- Friss kakukkfűlevél díszítéshez
- Olívaolaj a csepegtetéshez

UTASÍTÁS:

a) Melegítsük elő a sütőt 190 °C-ra (375 °F).
b) Egy tálban keverjük össze a kecskesajtot és a zsemlemorzsát.
c) Minden gombát megtöltünk a kecskesajt keverékkel.
d) Minden töltött gomba tetejére tegyünk egy feldarabolt osztrigát.
e) Meglocsoljuk olívaolajjal.
f) 15-20 percig sütjük, vagy amíg a gomba megpuhul.
g) Díszítsük friss kakukkfű levelekkel.
h) Melegen tálaljuk.

KAGYLÓ

90.Kagylódip

ÖSSZETEVŐK:

- ⅓ csésze Heinz paradicsom ketchup
- 1 csomag (8 oz) krémsajt; megpuhult
- 1 teáskanál friss citromlé
- ⅛ teáskanál fokhagymapor
- 1 doboz (6,5 oz) darált kagyló; lecsapolt

UTASÍTÁS:
a) A ketchupot fokozatosan a krémsajtba keverjük.
b) Adjuk hozzá a citromlevet, a fokhagymaport és a kagylót. Fedjük le és hűtsük le.

91.Sült töltött kagyló

ÖSSZETEVŐK:

- 1 doboz Darált kagyló
- 1 rúd olvasztott margarin
- 4 evőkanál Kagylóleves
- Csipet fokhagymás só
- 3 csésze Ritz kekszmorzsa
- 1 evőkanál Sherry
- ½ teáskanál Worcestershire szósz

UTASÍTÁS:

a) Drain kagyló, fenntartva 4 ek folyadékot. Keverjük össze az összes hozzávalót és töltsük meg a kagylót.
b) 350 fokon 15 percig sütjük. Ha nincs héja, süsse kis tepsiben 20-25 percig, és kekszen tálalja.

92.Konzerv kagylós rántott

ÖSSZETEVŐK:
- 1 tojás; jól megvert
- ½ teáskanál Só
- ⅛ teáskanál fekete bors
- ⅔ csésze fehér búzaliszt
- 1 teáskanál Sütőpor
- ¼ csésze konzerv kagylóleves
- 1 evőkanál vaj; olvasztott
- 1 csésze darált konzerv kagyló
- Olaj vagy tisztított vaj
- ¼ csésze tejföl vagy joghurt
- 1 teáskanál kapor; tárkony vagy kakukkfű

UTASÍTÁS:
a) Óvatosan keverjük össze az összes hozzávalót, a kagylót utolsóként adjuk hozzá. Tegyünk 2 púpozott evőkanál serpenyőnként egy forró, zsírozott serpenyőre vagy egy serpenyőbe.
b) Amikor a buborékok felszakadnak, fordítsa meg a rántást.
c) Melegen tálaljuk egy adag fűszernövényes tejföllel, joghurttal vagy tartármártással.

93.Kagylógolyók

ÖSSZETEVŐK:
- 3 6 1/2 oz doboz darált kagyló lecsepegve d
- 3 szár zeller, darálva
- 1 hagyma, darált
- Só és bors ízlés szerint
- 6 kemény tojás, kockára vágva
- ½ font Nedves zsemlemorzsa
- Olaj a rántáshoz

UTASÍTÁS:
a) Adjunk hozzá annyi vizet a kagylóléhez, hogy 2 csésze legyen. Helyezzen 1½ csésze kagylólevet, hagymát és zellert egy serpenyőbe; pároljuk, amíg a zeller megpuhul.
b) Adjunk hozzá kagylót, sót és borsot a zellerhez; 10 percig pároljuk. Adjuk hozzá a tojást, a maradék kagylólevet és a zsemlemorzsát a hagymás keverékhez.
c) Amikor elég kihűlt kezelni, kis golyókat formázunk belőle; hűtőbe tesszük, amíg jól kihűl.
d) Az olajat olajsütőben 350 °C-ra hevítjük. A kagylógolyókat aranybarnára sütjük.
e) Papírtörlőn csepegtesse le; azonnal tálaljuk fogpiszkálóval.

FÉSŰKAGYLÓ

94.Öbölfésűkagyló ceviche

ÖSSZETEVŐK:
- 1½ teáskanál őrölt kömény
- 1 csésze friss limelé
- ½ csésze friss narancslé
- 2 kiló öbölfésűkagyló
- 1 csípős piros chili paprika; finomra vágott
- ¼ csésze vöröshagyma; finomra vágott
- 3 érett szilvaparadicsom; kimagozva és apróra vágva
- 1 piros kaliforniai paprika; kimagozva és apróra vágva
- 3 zöld hagyma; apróra vágva
- 1 csésze apróra vágott friss koriander
- 1 mész; szeletelve, díszítéshez

UTASÍTÁS:
a) A köményt a lime és narancs levéhez keverjük, és a tengeri herkentyűkre öntjük.
b) Hozzákeverjük az apróra vágott chili paprikát és a lilahagymát. Fedjük le és tegyük hűtőbe legalább 2 órára.
c) Közvetlenül tálalás előtt csepegtessük le a tengeri herkentyűket, és keverjük össze az apróra vágott paradicsommal, kaliforniai paprikával, zöldhagymával és korianderrel. Lime szeletekkel díszítjük.

95.Bourbon-bacon kagyló

ÖSSZETEVŐK:
- 3 evőkanál darált zöldhagyma
- 2 evőkanál Bourbon
- 2 evőkanál juharszirup
- 1 evőkanál alacsony nátriumtartalmú szójaszósz
- 1 evőkanál dijoni mustár
- ¼ teáskanál bors
- 24 nagy tengeri kagyló
- 6 szelet pulyka szalonna; 4 uncia
- Főző spray
- 2 csésze főtt rizs

UTASÍTÁS:
a) Keverje össze az első 6 összetevőt egy tálban; jól keverjük össze. Adjunk hozzá fésűkagylót, óvatosan keverjük, hogy bevonja. Fedjük le és pácoljuk a hűtőben 1 órára, időnként megkeverve.

b) Távolítsa el a tengeri herkentyűket a tálból, és hagyja le a pácot. Vágjunk minden szelet bacont 4 részre. Tekerj bacon darabot minden fésűkagyló köré

c) Fésűkagylót fűzzünk 4 (12 hüvelykes) nyársra, hagyva egy kis helyet a kagylók között, hogy a szalonna megsüljön.

d) Helyezze a nyársakat egy főzőpermettel bevont brojlerserpenyőre; 8 percig sütjük, vagy amíg a szalonna ropogós nem lesz és a tengeri herkentyűk megpuhulnak, időnként meglocsoljuk páclével

96.Karamellizált tengeri kagyló

ÖSSZETEVŐK:

- 12 tengeri kagyló félbe vágva
- 2 uncia portói bor
- 1 uncia borjúhúsleves
- ½ csésze kagylóleves
- 1 uncia vaj, sózatlan
- 2 teáskanál apróra vágott szarvasgomba
- 2 teáskanál szarvasgombalé
- 1 evőkanál mogyoróolaj
- 12 db bébi sárgarépa, mázas
- 4 uncia spenót, vajjal párolva

UTASÍTÁS:

a) Felforraljuk a portói bort, hozzáadjuk a borjúhúslevet, a kagylólevet, majd felforraljuk és harmadára csökkentjük.
b) Monte egy uncia vajjal, és az utolsó pillanatban adjuk hozzá a szarvasgomba levét és az apróra vágott szarvasgombát. A tengeri herkentyűket mogyoróolajon nagy lángon aranybarnára pirítjuk.
c) A köretet és a tengeri herkentyűket tányérra rendezzük, a szószt a tányérra öntjük.

FOLYAMI RÁK

97.Cajun stílusú rákfőzelék

ÖSSZETEVŐK:

- Élő rák (annyi, amennyi szükséges)
- 5 gallon víz
- 1 csésze Cajun fűszerezés
- 1 csésze só
- 1 csésze egész fekete bors
- 1 csésze gerezd fokhagyma
- 6 citrom félbevágva
- 1 csésze forró szósz (ízlés szerint módosítani)
- Főtt kukoricát
- Vörös burgonya

UTASÍTÁS:

a) Tölts meg egy nagy edényt vízzel, és forrald fel.

b) A forrásban lévő vízhez adjuk a Cajun fűszerezést, a sót, a szemes borsot, a fokhagymát, a citromot és a forró szószt.

c) Hagyja a keveréket 10-15 percig forralni, hogy az ízek összeérjenek.

d) Adjunk hozzá rákot, kukoricacsutkát és vörösburgonyát az edénybe.

e) Körülbelül 5-7 percig főzzük, vagy amíg a rák élénkpiros nem lesz, és a burgonya megpuhul.

f) Engedje le a vizet, és terítse el a tartalmát egy nagy, újságpapírral letakart asztalra.

g) Tálaljuk további Cajun fűszerezéssel és citromkarikákkal.

98.Fokhagymás vajas rák

ÖSSZETEVŐK:
- Élő rák
- 1/2 csésze vaj
- 4 gerezd fokhagyma, felaprítva
- 1 evőkanál apróra vágott friss petrezselyem
- Só és bors ízlés szerint
- Citromszeletek a tálaláshoz

UTASÍTÁS:
a) Pároljuk vagy főzzük a rákot, amíg meg nem fő. Törjük fel a héjakat, és távolítsuk el a húst.
b) Egy serpenyőben olvasszuk fel a vajat közepes lángon, és pároljuk illatosra a darált fokhagymát.
c) Tegye a rákhúst a serpenyőbe, és dobja rá fokhagymás vajjal.
d) Megszórjuk apróra vágott petrezselyemmel, sózzuk, borsozzuk. Főzzük további 2-3 percig.
e) Citromkarikákkal tálaljuk.

99.Rákos tészta

ÖSSZETEVŐK:
- Főtt rákfarok, hámozott
- 8 oz linguine vagy fettuccine
- 2 evőkanál olívaolaj
- 4 gerezd fokhagyma, felaprítva
- 1/2 csésze koktélparadicsom félbevágva
- 1/4 csésze fehérbor
- 1/4 csésze csirke- vagy zöldségleves
- Pirospaprika pehely (elhagyható)
- Só és fekete bors ízlés szerint
- Friss petrezselyem, apróra vágva, díszítéshez

UTASÍTÁS:
a) A tésztát a csomagolási utasítás szerint főzzük ki.
b) Egy nagy serpenyőben közepes lángon hevítsünk olívaolajat. Hozzáadjuk a darált fokhagymát, és illatosra pároljuk.
c) Tegye a rákfarkat és a koktélparadicsomot a serpenyőbe. 2-3 percig főzzük.
d) Felöntjük a fehérborral és a húslevessel, majd 5 percig pároljuk.
e) Ízesítsük pirospaprika pehelyekkel (ha használunk), sóval és fekete borssal.
f) A kifőtt tésztát a serpenyőbe dobjuk, és megkenjük a rákos keverékkel.
g) Díszítsük friss petrezselyemmel és tálaljuk.

100. Rák Etouffee

ÖSSZETEVŐK:

- 1 lb rákfarok, hámozott
- 1/2 csésze vaj
- 1/2 csésze univerzális liszt
- 1 hagyma, finomra vágva
- 1 kaliforniai paprika, apróra vágva
- 2 zellerszár, apróra vágva
- 3 gerezd fokhagyma, felaprítva
- 2 csésze csirke- vagy zöldségleves
- 1 doboz (14 uncia) felkockázott paradicsom
- 1 evőkanál Worcestershire szósz
- 1 teáskanál Cajun fűszer
- Főtt fehér rizs tálaláshoz

UTASÍTÁS:

a) Egy nagy serpenyőben olvasszuk fel a vajat közepes lángon. A lisztet belekeverjük, hogy roux-t készítsünk, és addig sütjük, amíg aranybarna nem lesz.

b) Tegye a serpenyőbe apróra vágott hagymát, kaliforniai paprikát, zellert és fokhagymát. Addig főzzük, amíg a zöldségek megpuhulnak.

c) Fokozatosan adjuk hozzá a csirke- vagy zöldséglevest, folyamatosan keverve, hogy elkerüljük a csomókat.

d) Keverje hozzá a kockára vágott paradicsomot, a Worcestershire szószt és a Cajun fűszereket. 10-15 percig pároljuk.

e) Adjuk hozzá a rák farkát, és főzzük, amíg át nem melegszik.

f) Az etouffee-t főtt fehér rizs fölött tálaljuk.

KÖVETKEZTETÉS

Amint befejezzük a " A Teljes Kagylós Sakáskönyv " című óceáni utazásunkat, reméljük, hogy átélte a kagylók sokszínű és kellemes világának felfedezésének örömét. Ezeken az oldalakon minden recept a sós, édes és sós ízek ünnepe, amelyek meghatározzák ezeket a víz alatti kincseket – a kagylók által kínált kulináris lehetőségekről.

Függetlenül attól, hogy megízlelte a tökéletesen összetört osztrigák egyszerűségét, a grillezett garnélarák sokoldalúságát, vagy beleélte magát a dekadens homárételekbe, bízunk benne, hogy ezek a receptek lángra lobbantották az emlékezetes és ínycsiklandó kagylóételek készítése iránti szenvedélyét. Az összetevőkön és a technikákon túl a " A Teljes Kagylós Sakáskönyv " váljon inspiráció forrásává, az óceánok bőségéhez való kapcsolódáshoz, és a minden kagylóalkotással járó öröm ünnepévé.

Miközben folytatja a kagylókonyha világának felfedezését, legyen ez a szakácskönyv az Ön megbízható társa, amely számos recepten keresztül vezet, amelyek bemutatják ezen óceáni élvezetek gazdagságát és sokoldalúságát. Ízleljük meg a sós frissességet, készítsünk kulináris remekműveket, és élvezzük a minden falattal járó finomságot. Jó főzést!

www.ingramcontent.com/pod-product-compliance
Lightning Source LLC
Chambersburg PA
CBHW071319110526
44591CB00010B/952